向心力 05

HOW COULD YOU NOT KNOW SOCIAL INTERCOURSE

你怎能不懂应酬学

毋栋 ◎ 主编

商业社会出奇制胜的潜规则

天津科学技术出版社

图书在版编目(CIP)数据

你怎能不懂应酬学 / 毋栋主编.—天津:天津科学技术出版社,2010.4
ISBN 978-7-5308-5334-4

Ⅰ.①你… Ⅱ.①毋… Ⅲ.①人间交往—通俗读物 Ⅳ.①C912.1-49

中国版本图书馆 CIP 数据核字(2010)第 057396 号

责任编辑:刘丽燕
责任印制:白彦生

天津科学技术出版社出版
出版人:蔡 颢
天津市西康路 35 号 邮编 300051
电话(022)23332398(事业部) 23332697(发行)
网址:www.tjkjcbs.com.cn
新华书店经销
三河市南阳印刷有限公司印刷

开本 710×1000 1/16 印张 15.25 字数 244 000
2010 年 8 月第 1 版第 1 次印刷
定价:29.80 元

前　言

不知从何时开始，"应酬" 开始成为一个关键词进入到人们的工作和生活中。当你随便问一个事业有成的人"今晚干什么？"时，十有八九会听到这样的回答："今晚有饭局啊！"或者"今晚有应酬啊！"可见应酬似乎成了工作的一部分，成了一项特殊的"工作"，只不过占用的往往是私人时间罢了。

有人以为应酬无非是迎来送往、吃请回敬、玩乐游戏等，于是历数出应酬的不是之处，比如：吃请过繁容易患脂肪肝等疾病，长期缺乏与家人的团聚容易导致家庭矛盾，明明该陪家人的时间却因为工作的需要而在外应酬并因此受到埋怨等。可见，应酬背着的黑锅和怨言还真不少。

殊不知，有时候因为应酬而与家人、朋友发生的不快，并不是应酬的问题，而是你自己的问题；有时候工作、应酬与私人生活不能很好地调节，问题也是出在你自己的身上。这是为什么呢？

存在即有其合理性，应酬已经成为商业社会的规则之一。它的出现，给人们的工作和生活带来了不一样地体验：从前在谈判桌前紧张兮兮的谈判，现在可以放到饭局上说，在缓和的气氛中，甲乙双方心平气和地交谈，更容易达成合作意向；从前合作双方交往方式单调，难以增进了解，现在却可以通过应酬，吃吃喝喝，玩乐一下，增进感情；从前人们认为只有收到请柬的活动才算是应酬，而现在随时约在一起举行一个活动，虽然少了些正式的环境因素，但却平添了几分随意和活泼的气氛，让应酬不再一板一眼……

应酬使得商人们把工作从办公桌搬到了饭桌上，从写字楼搬到了球场、舞厅、咖啡馆;应酬使人们不用穿着笔挺的西装也能谈成生意,使人们不用拿出一沓沓的材料也能交流工作……总之,应酬形式的不断翻新,使人们摆脱了传统呆板的工作束缚,让工作形式变得更加多样,也更具有创新性。

如果你从应酬活动中没有收获良好的效果,如果你因处理不好应酬和家人、家庭之间的关系而受到埋怨,如果你因处理不好工作、应酬和生活之间的关系而身心俱疲,那么,一定是自身出了某些问题,而不要盲目地抱怨应酬。想想看,有多少成功的案例证明了应酬是为事业铺平道路的有效手段,又有多少生意在商宴、酒桌上被轻松搞定,省却了百般周折。

你在应酬中是否做好了充分的准备,以饱满、积极的形象出现在别人面前,让人耳目一新?你是否能言善辩,说的话恰到好处,让听的人心花怒放?你是否懂得应酬的基本原则和礼仪,彬彬有礼让人平添几分好感从而愿意与你接触?应酬的时间是在饭桌上,看似是面子功夫,但是应酬的真本事却在平时,是你个人修养、综合素质的整体体现。如果你的应酬出了问题,那就先看看自己哪方面出现了短板,从而导致不愉快事情的发生。

应酬是被动的,但人是主动的。打好应酬这副牌,需要你有一定的天赋,也需要平时留心、不断练习。如果你能够应酬自如,场面上应付得来,那么事业的成功也就离你不远了。应酬是事业的助推剂,有了它的辅助,你的事业将有新的腾飞!

目 录

第一章 左右逢源的应酬手段

第二章 职场商战的进退规则

第三章 口吐莲花的语言技巧

第四章 方中有圆的宴请文化

第七章 礼仪就是交往艺术

第八章 人性弱点的攻防策略

第一章
左右逢源的应酬手段

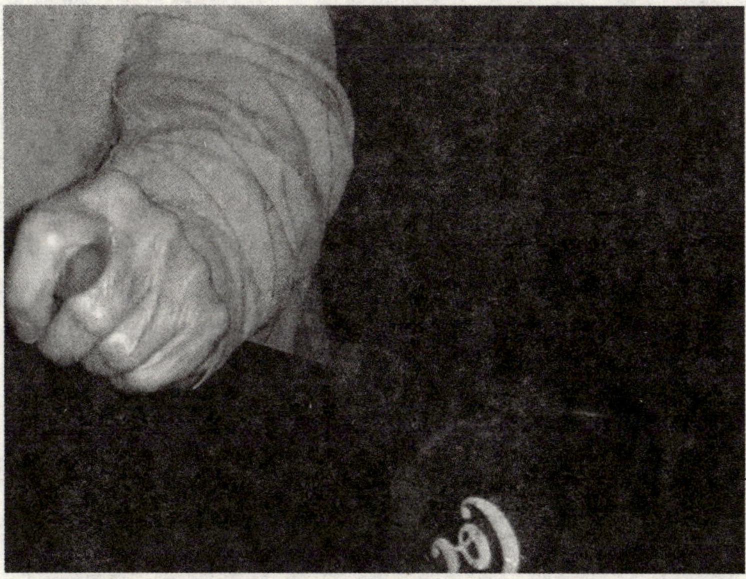

交际应酬"勤"字当先

台塑集团创始人王永庆被誉为台湾地区的"经营之神"。他 15 岁那年小学毕业，到一家小米店当了一年学徒。第二年他用父亲向别人借来的 200 块钱开了自己的米店，从此踏上了艰难的创业之旅。

那时候稻谷加工非常粗糙，大米里有不少糠谷、沙粒，买家卖家都习以为常，见怪不怪。王永庆将夹杂在大米里的糠谷、沙粒统统清理干净，这样一来，他店里的米质比其他米店要高一个档次。在服务方面，当时还没有送货上门一说，王永庆却增加了这一服务项目。无论晴天下雨，无论路程远近，只要顾客有需要，他就立马送到。

每次给新顾客送米，王永庆都要打听这家有多少人吃饭，每人饭量如何，据此估计这家下次买米的大概时间，记在本子上。到时候，不等顾客上门，他就主动将米送过去。王永庆给顾客送米，并非送到就算了，他还要帮人家将米倒进米缸里。如果米缸里还有米，他就将旧米倒出来，将米缸清理干净，然后将新米倒进去，将旧米放在上层。这样，米就不至于因陈放过久而变质。他这个小小的举动令不少顾客深受感动，从此，好多顾客都专买他的米。

靠着勤奋，王永庆的米店从一天卖米不到 12 斗，到后来一天能卖 100 多斗。后来他开了一家碾米厂，从此走上了成功之路。

中国古人有"非知之难，能之难也"的慨叹，这其中"能之难"指的就是行动和实践的难度。社交是行动的艺术，显然也属于"能之难"的范畴，但正因为"难"，所以才更有行动起来的必要，"难"更说明"行动起来"的重要性。

美国著名人际传播学家朱迪·皮尔逊教授说得好:“光知道社交理论而不能将理论付诸实践的人,谈不上具有社交能力。如果一个人在某种社交场合碰巧达到了他的目的,但是没有能力解释其成功的原因,也谈不上具备了社交能力。一个能干的社交者,必须同时具备一定的理解能力和做出恰当行动的实践能力。”一句话,你必须行动,必须在一定的社交理论指导下行动起来,不要在已有的圈子里面故步自封,而要去探索和发现新的天地。

一个人无论做什么事,有什么样的条件,在什么样的环境中,只要他能勤奋刻苦、专心致志、坚持不懈、脚踏实地做下去,终会有所成就。社交也一样,只要你做到“勤”字当先,就能将你的社交圈扩大。所以,勤奋是社交的不败筹码,只要肯下工夫,你就一定能成功。

“勤”就是不断地做出行动。在社交方面,勤奋就是不断给自己树立新目标。一个人社交成功的关键,在于坚持不懈地勤奋努力,我们要用有限的时间拓宽我们的社交范围,努力去干一番事业。

社交本身就是一种行为,它有自己的定性,也有行动的基本原则。

首先,一个人应该主动地去与周围的环境相适应,正因为有主动性,所以人也就有自己的目的性。人就是靠着这种目的性,改变自身的状况。应酬亦如此,行动之前需要有明确的目的,无目的的社交,就不能顺利拓展自己的人际关系。

其次,“物竞天择,适者生存”,它道出了这样一个道理:灵活性是人或物生存与发展的基础。倘若我们想在社会上很好地与人交往,就应该在社会和行为环境、行为对象发生变化时,很好地改变我们的行动方式,灵活地展开应酬活动。

应酬学专家告诉你

交际应酬是一门行动的艺术。一个人如果只知道许多交往的理论而不去付诸实践,那么,他只能是“理论上的伟人,行动上的矮子”。应酬的艺术,在本质上就决定了行动的必要性与重要性。

主动打造人际圈

一次大风雪过后,积雪满街,交通阻断。迈克所住的公寓楼中的煤用完了,食品杂货店的人没送货来,没有自来水,电梯也因故障而不能使用,这下使迈克的生活陷入了困境。

但是,这时那些从来没有交谈过的邻居们却主动上门,相互接济食物、牛奶、唱片等物品。有一家邻居还举行了舞会,使气氛变得热烈起来。而参加舞会的人从十几岁的孩子到七十多岁的老人都有。此时,大家才发现,大楼社区的管理员,钢琴竟然弹得这么优秀。

当时,迈克就想:如果平时能有这种友好互助的精神,这幢楼中的住户每天的生活该是多么富有生色呀!

人们都有渴望得到帮助与友情的心理,在每一个人的思想深处也都有一种友善的种子,只是有时候它被埋没得太深了,而一旦被挖掘出来,人们就会发现,哦,原来我们还可以拥有这么美好的生活啊!

是的,一个人要想拥有美好、多姿的生活,就要拥有好人缘,织一张和谐的人际关系网。但是,这张网不是现成的,也不是天上掉下来的,它需要人们的积极与主动。因为光有想法是不够的,还必须将它化为行动才可以得到。

在这个世界上,各个行业都有许多出类拔萃的人物,他们的影响力是非同小可的,必须利用与他们接触的机会和他们建立良好的关系,这对一个人的前途至关重要。我们不要等待,一味地等待只能错失良机,等待绝不可能帮我们建立起良好的人际关系,我们应该积极主动地、一步一步地去付诸行动。

如果我们想多结交一些朋友，就需要主动地去了解对方的兴趣爱好。还可以通过多种方式去获得他们的信息，更要注意与其相处时积累一些有关的情况，还可以通过他的朋友了解他的为人处世。

人与人交往中会出现一些交际的好机会。多一些有益的朋友，会见一些成功的前辈，会有机会改变你的人生轨迹。“一个巴掌拍不响”、“独木难支大厦”，朋友在关键时候帮你一把，可能会直接助你在事业上取得成功。所以，要时刻抓住能结交朋友的好机会，你对此必须有所准备，因为机遇是一件捉摸不定的宝贝，但它又偏爱有准备的头脑。比如有朋友请你去参加一个生日聚会、舞会或者其他活动，如果没有十分重要的事，你不要因为自己手头太忙或一时懒得动身而拒绝，因为这些场合是你结交新朋友的好机会，又如新同事约你出去逛逛商店或者看场电影什么的，你最好也不要随便拒绝，因为这是一个联系感情的好机会。

在生活中，人与人之间接触越多，彼此间距离就可能越近。这跟我们平时看一个东西一样，看的次数越多，越容易产生好感。我们在广播、电视中反复听、反复看到的广告，久而久之也会在我们头脑中留下印象。所以，交际中的一条重要规则就是：找机会多和别人接触。如果要成功地找到一个与人接触的机会，你必须对他的信息、生活安排有所了解。一旦和别人取得联系，建立初步关系之后，就可能在今后成为很好的朋友。

应酬学专家告诉你

若想建立一个良好的人际关系圈，就要主动热情地与他人交往，利用一切机会结交各类人士，并对每一个人的言行都用心地记下来。这样日积月累，你的人际关系网就会在无形中扩大。

做事方正，做人圆融

北宋名相富弼年轻时就很大度。

一天，有人告诉他："某某骂你。"

富弼说："恐怕是骂别人吧。"

"他是叫着你的名字骂的，怎么是骂别人呢？"

富弼说："恐怕是骂与我同名字的人。"

后来，那个骂他的人知道了富弼的这番话，惭愧得不得了。

明明被人骂，却认为与自己毫无关系，并使对手自动认输，这可说是形圆之极致了。富弼后来能当上宰相，恐怕与他这种高超的处世艺术有很大关系。但他又绝不是那种是非不分、明哲保身的人。出使契丹时，他不畏威逼，拒绝割地的要求。任枢密副使期间，与范仲淹等大臣极力主张改革朝政，因此遭诽谤，一度被摘去了乌纱帽。富弼的做人，既外形圆活、心胸豁达、与人为善，又内心方正、坚持原则，维护了自己独立的人格。

"内方外圆"可以说是做人做事的最高智慧。为什么这么说呢？因为，通常人们劝人处事接物所用的方法，多半偏而不全，常常有令人走向一个极端的危险：或者一味劝人轻原则、重通融，使人流于下乘；或者劝人坚守原则、六亲不认，使人过于刻板。而内方外圆，则是两面兼顾而不拘泥于一端，既要坚持原则，又要灵活变通。在应酬活动中，为了既赢得对方的好感和合作，又不失去自己的立场，采用内方外圆的策略，往往能够收到较好的效果。

要达到内方外圆的境界，就要做到三点：一是合情合理，二是经权结合，三是内刚外柔。

平时人们说某某事情处理得合情合理，意思是处理方式得当，能够得到众人的认可。可别小看了“合情合理”这四个字。合情，就是符合人之常情；合理，就是符合事情本身的道理。既符合人之常情，又不违背事情本身的道理，这可不是一件容易的事。大多数人只知其一，不知其二：合理者不能合情，合情者不能合理。合理不合情者，容易遭到众人的怨恨和反对；合情不合理者，容易违背原则，犯错误。合理不合情，是刻板；合情不合理，是无原则。偏执一端的人，都不会有好结局。

所谓“经”，就是“经常”的“经”，是指在通常情况下处理问题的原则和方法；所谓“权”，就是“权变”的“权”，就是在特定条件下对通常原则和方法加以变通，采用灵活机动的应变策略。简单地说，“经权结合”就是将常规原则和常规方法与变通的原则和方法结合起来。在社会交往中，虽然应该遵循一些基本的原则，但是在特殊的情况之下，基本原则可能不一定合适。这时，就应该适当地改换思路，灵活地处理。

内刚外柔，就是内心刚强，外表温和。这是一种与色厉内荏相反的处事方式。有些人口气强硬、表情严肃，可是内心却很慈善，就是通常所说“刀子嘴，豆腐心”的那种人。这种人往往很难与人相处，容易得罪人。而另外一些人则是表面和善，对任何人都很亲切、平易，但是内心却从来不肯退缩，是非分明，这就是内刚外柔。内刚外柔是一种很好的社交策略。我们在与人相处的时候，应该在是非清楚的情况下尽量对人表示礼貌和尊敬。可以说，那些成功的外交家都具有这种品格。

应酬学专家告诉你

有很多人过于注重表面的威仪和严肃的言辞，这往往在对方与自己之间拉开了很大的距离，不利于双方的接近和交流。社会交往的目的，是通过双方相互接触、相互交流达到利益分享。而古板的表情和强硬的措辞，常常把对方拒于千里之外，从而使双方很难进入沟通阶段。

尊重别人，给人尊严

有一个富翁非常有钱，但却得不到旁人的尊重，他为此苦恼不已。

某日上街，见衣衫褴褛的一乞丐，便掷一亮晶晶的金币于其破碗内。孰知乞丐竟忙于捉虱子毫不理会。富翁不由动了气："你眼睛瞎了？没看见我给你的是金币吗？"

乞丐仍不抬头，答道："给不给是你的事，不高兴可以拿回去。"富翁大怒，意气用事，遂又丢了十个金币于碗中，却不料乞丐仍不理不睬……

富翁暴跳起来，说："我将所有财产都给你，你可愿意尊重我？"

乞丐大笑："你将财产给了我，你就成了乞丐而我成了富翁。我凭什么来尊重你？"

尊重是一门学问。懂得尊重别人，就是尊重自己，就是将自信、善良和宽厚播种在他人的心田。尊重别人，是一种理解、一种美德、一种潇洒、一种坦诚。

尊重别人是美德的体现，是文明时代的迫切要求。在尊重上级领导的过程中，你会感到从容镇定、志气勃发、心情愉悦，领导也会清气上扬、印象不错、重视下属；在尊重同事的过程中，你会感到自然默契、投机投缘、轻松自然，同事也会情真意切、真诚大方、以礼相待；在尊重属下的过程中，你会坦荡大方、殷殷真情、恳切关怀，属下也会顿感自信、暖意融融、认真工作。因此，尊重是双方的，需要人们的共同配合。尊重别人是美化心灵、增加修养、增进友谊，得到他人尊重的关键。只有自己真心对待别人，才可以得到他人对自己的尊重。我们常讲关心自己，关爱别人，就是说置他人尊严于心上，礼貌待人，获取对方好感，必可心心相通。在我们的生活中,男女青年邂逅一见钟情,也是建立在彼此尊重的基础上。不曾相识的人不期而遇就一见如故,亦是以相互尊重为开端的。由此可见,尊重这个词语在我们的生活中是多么重要。

但在生活中,也有面对言之淳淳之人而不屑一顾,满不在乎的,也有两三句话不合,就动怒骂人的,更有无冤无仇看谁好欺负就发难于人的,对人语言挑衅,行为不敬,反正是不管青红皂白,侮你没商量。

当你把一颗善良、纯真、友爱、宽容的心奉献给和你在一起的人的时候,你的处世哲学是明智的。一个心怀此心的人与人交往总可以在人格上赢得对方敬重,而不论他表现如何。他和你彼此尊重是多么美好的事情,他惹你生气又显得他是多么目中无人。你有了尊重他人的浓浓情意,唤醒对方,融化彼此之间的壁垒,你就显得高明和有修养,铁石心肠也许就会被那种人间真爱所感化。但是对流氓坏蛋、街痞无赖,我们不妨也以尊重他的人格为最初目标,他若逐渐暴露恶意,且不知悔改,严重伤害我们的那份纯真感情,我觉得我们大可不必发慈悲,他已没有资格站在这里跟你对话,你再尊重他也将会于事无补,甚至可能因为你的善心招来他的更大的蓄谋伤害,这时,我们要勇敢地拒绝他,甚至反抗他,以捍卫我们的尊严。

应酬学专家告诉你

尊重别人,就要实实在在,付出真心、真情、真意。要从心眼里尊重对方的人格、性格、志趣、爱好,及至人生状态。这不应是一句口号,而是我们在细微之处常常要注意的,要"常顾他人面子,少摆自己架子"。

比别人先道歉

战国时期，秦国常常欺侮赵国，强行索要赵国的国宝和氏璧，赵国派蔺相如去交涉。蔺相如凭着机智和勇敢，使得完璧归赵，又凭借其他功劳被封为上卿，地位在大将军廉颇之上。廉颇很不服气，怒气冲冲地说："我要是碰着蔺相如，要当面给他点儿难堪，看他能把我怎么样！"

这些话传到了蔺相如耳朵里，他立刻吩咐手下的人，叫他们以后碰着廉颇手下的人，千万不要和他们争吵。蔺相如一个手下的人受不了这个气，说："您的地位比廉将军高，他骂您，您反而躲着他，让着他，他越发不把您放在眼里啦！这么下去，我可受不了。"

蔺相如心平气和地说："我见了秦王都不怕，难道还怕廉将军吗？要知道，秦国现在不敢来打赵国，就是因为国内文官武将一条心。我们两人好比是两只老虎，两只老虎要是打起架来，不免有一只要受伤，这就给秦国制造了进攻赵国的好机会。你们想想，国家的事儿要紧，还是私人的面子要紧？"

蔺相如的这番话后来传到了廉颇的耳朵里。廉颇惭愧极了。他脱掉一只袖子，露着肩膀，背了一根荆条，直奔蔺相如家。蔺相如连忙出来迎接廉颇。廉颇对着蔺相如跪了下来，双手捧着荆条，请蔺相如鞭打自己。蔺相如把荆条扔在地上，急忙用双手扶起廉颇，给他穿好衣服，拉着他的手请他坐下。

"负荆请罪"的故事歌颂了道歉的勇气。

在现实生活中，道歉就像我们的吃饭穿衣一样普遍而为人所需要，因为道歉不仅能满足人的心理需要，也是人际交往的润滑剂，说白了，谁能没有错呢？有错，就需要道歉。但人们相互之间道歉的效果如何呢？这是令人头痛的问题。

人们在发生冲突后，通常有两种解决方案：一是改变环境——对方，另一个是改变自己。人总是倾向于寻求改变环境，因为从中能找到能力感与控制感。只有当改变环境不奏效时，人才会选择改变自己。因此，对于道歉者来说，应该改变上述心理定式，放弃自我中心，进行换位思考。

道歉的效果受双方心态影响，尤其是受伤害者对道歉的预期，比如，越亲近的人伤你越重，是因为你对对方有更高的预期。当预期中的道歉迟迟不来时，伤害者在受伤害者心中的地位会大大下跌，直至最后出局，淡出受伤害者意识之外。还有一种结局是，伤害在受伤者的心里积累起来，最终会爆发。

那么，比较成功的道歉应该注意哪些事项呢？

首先，要注意应该道歉的时候就要马上道歉，越耽搁越难启齿，有时会追悔莫及。如果每次想和对方说“对不起”的时候都犹豫再三，时间一长，再说好像就没有意义了，最终导致误会加深，成了心里的包袱。

其次，道歉要表现出诚意。直截了当地道歉不是一件容易的事，但心理学家托马斯说，如果你想和对方重新建立信任感，那就简单明了地承认错误。

最后，道歉的重点要放在自己身上，而不是对方的感受上。如果你说“对不起，让你难过了”或者“真不好意思，让你这么生气”，这样的道歉就把责任转移到了别人的感情上。应该明确表示，对方受到的伤害与损失是你的责任。如果可能的话，还应提出一个具体的补过的建议。

应酬学专家告诉你

对于道歉者来说，不妨过一段时间后给对方写一封理性的信，告诉他你的反思，但要有对方不接受道歉的心理准备。碰到对方执意不肯原谅时，你也不必太内疚，因为你已经做了最大的努力。归根结底，还是要勇于承担责任。

舍小利才能为大谋

战国时，齐国的孟尝君是一个以养士出名的相国。由于他待士十分真诚，感动了一个具有真才实学而十分落魄的士人，此人名叫冯谖。冯谖在受到孟尝君的礼遇后，决心为他效力。

有一次，孟尝君叫人为他到其封地薛邑讨债，问谁肯去，冯谖说自己愿意去，但不知催讨回来的钱，要买什么东西。孟尝君说就买点家里没有的东西吧！冯谖领命而去。

到了薛邑后，他见到老百姓的生活十分穷困，听说孟尝君的讨债使者来了，均愤愤有怨言。于是，他召集了邑中居民，对大家说："孟尝君知道大家生活困难，这次特意派我来告诉大家，以前的欠债一律作废，利息也不用偿还了，孟尝君叫我把债券也带来了，今天当着大伙的面，我把它烧毁，从今以后，再不催还。"说着，冯谖果真点起一把火，把债券都烧完了。薛邑的百姓没有料到孟尝君是如此仁义，个个感激涕零。

冯谖回来后，孟尝君问他讨的利钱呢？冯谖回答说："不但利钱没讨回，借债的债券也烧了。"孟尝君便大不高兴，冯谖对他说："您不是要叫我买家中没有的东西回来吗，我已经给您买回来了，这就是'义'。焚券市义，这对您收归民心是大有好处的啊！"

果然，数年后，孟尝君被人谮谗，齐相不保，只好回到自己的封地薛邑。薛邑的百姓听说恩公孟尝君回来了，全城出动，夹道欢迎，表示坚决拥护他，跟着他走。孟尝君至为感动，这时才体会到冯谖的"市义"苦心。

上面故事的含义可理解为："好与者，必多取"，小的损失可以换取大的利益。所以，与人交往要懂得取舍、懂得放弃。一味地取，只能是急功近利，显得小气；一味地舍，只能是最终一无所获。智者的收获往往都是建立在舍的基础上的。

一个人要想学会选择，学会放弃，关键是要做到不能对小益小利患得患失，要善于分清眼前利益和长远利益，能够舍卒保车。为了更大、更长远的利益舍弃眼前的利益。

“爱出者爱返，福往者福来。”人世间的事情，有了付出才有回报，没有无回报的付出，也没有无付出的回报。付出越多，得到的回报越大，只想别人给予自己，那么“得到”的源泉终将枯竭。

史学家范晔曾说：“天下皆知取之为取，而不知与之为取。”正是对这种得失观的一语道破。得与失的互为转化之效果，有时也并不是马上就可以见得到的，但懂得其中奥妙的人，会掌握取舍的主动权，让它发挥出意想不到的效果。

学会选择，学会放弃是一种深远的谋略，在交往中则是一种宽柔的智慧。纵观古往今来，多少仁人志士甘愿名誉上受到玷污而成就更大的事业，就说明了这一点。

应酬学专家告诉你

事情有大有小，有轻有重，是放弃西瓜拣芝麻，还是丢掉芝麻抱西瓜，这既可能涉及自身的利益，又涉及他人及整体大局的利益。所以在这样的取舍两难的选择之间，就应该掂量一下事情的分量，尽量采用舍小取大、弃轻取重的处理原则。这样，虽然丢掉了小利，但所换取的可能就是大利或大义。

得意忘形是应酬大忌

看过特洛伊战争“木马屠城记”故事的人，都会记得特洛伊是怎样被毁灭的。

特洛伊人与入侵的希腊联军作战，双方互有胜负，后来联军中有人献策，假装全部撤退，留下一匹巨大的木马，并将勇士藏在马腹内，其他的主力部队亦躲在附近。

特洛伊人望见远去的舰队，以为敌人真的撤退了，于是在毫无防备下，将木马拖入城内，歌舞狂欢，饮酒作乐。就在他们睡梦时，木马中的敌人纷纷跳出，打开城门，里应外合，于是特洛伊灭亡了。

从这个故事中，可得到两个宝贵的教训：一是得意时不要高兴太早，否则失意马上就到；二是失败也莫灰心，危机即转机，失败后面就是成功，遇到挫折时要咬紧牙关，坚韧自强，逆境便将过去，雨过天晴，前程一片光明。

有些人因为顺境连连而甚感欣慰，愉悦之情不时流露于脸上。然而，不能只是高兴，应该想想怎么才能维持好运，永葆成功。

心理学家说，得意忘形是忘乎所以的心理所致，人一旦有了这种心理，就会骄兵必败，造成严重后果，所以这种心理要不得。

希腊有名的雄辩家戴摩斯说：“维持幸福，远比得到幸福困难。”同样的道理，好业绩得来不易，但更难的是在于如何持续保持好业绩。

所以，在运气好时，切莫得意忘形，以致乐极生悲，而是必须更加积极奋发，以使成绩永久不坠。

有位企业家曾说过：“当你经过千辛万苦使你的产品打开市场的时

候，你最多只能高兴五分钟，因为你若不努力，第六分钟就会有人赶上你，甚至超过你。”

当你被上司提升或嘉奖时，常常会自鸣得意吗？如果是，那你就要好好学一番涵养的功夫，把你那因升迁而引起的过度兴奋压下去才好。你所拟的一生计划，当然是非常伟大的，但在你没有达到这个伟大目标之前，中途的一些升迁，真可说是微乎其微的小事。也许在你实行一个计划时，一着手就大受他人夸奖，但你必须对他们的夸奖一笑置之，仍旧埋头去干，直到埋藏在心中的大目标实现为止。那时人家对你的惊叹，将远非起初的夸奖所能及。

美国汽车大王福特曾说：“一个人如果自以为已经有了许多成就而止步不前，那么他的失败就在眼前了。许多人一开始奋斗时十分起劲，但前途稍露光明后，便自鸣得意起来，于是失败立刻接踵而来。”

石油大王洛克菲勒也说：“当我的石油事业蒸蒸日上时，每晚睡觉前总是拍拍自己的额头说‘别让自满的意念搅乱了你的脑袋’。我觉得我的一生受这种自我教育的益处很多，因为经过这样的自省后，我那沾沾自喜、自鸣得意的情绪，便可平静下来了。”

应酬学专家告诉你

人生处在顺境时，最容易得意忘形，骄傲自满，这种心理是做大事的阻碍，最容易滋生败象，乐极而生悲。一个人的伟大与否，是可以从他对于自己的成就所持的态度上看出来的。所以，抛弃你的傲气，堆积你的成就，才能使你更上一层楼。

低调的策略才高明

汉朝的郭解小时候残忍狠毒,等到年纪大了,就改变行为,检点自己,用恩惠报答怨恨自己的人,多多地施舍别人,而且对别人怨恨很少。

洛阳有相互结仇的两家,城中有数以十计的贤人豪杰从中调解,双方始终不听劝解。门客们就来拜见郭解,说明情况。郭解晚上去会见结仇的人家,结仇的两家出于对郭解的尊重,委屈心意地听从了劝告,准备和好。

郭解就对他们说:“我听说洛阳诸公为你们调解,你们多半不肯接受。如今你们幸而听从了我的劝告,郭解怎能从别的县跑来侵夺人家城中贤豪大夫们的调解权呢?”于是郭解当夜离去,不让人知道,说:“暂时不要听我的调解,待我离开后,让洛阳豪杰从中调解,你们就听他们的。”

低调做人,是郭解用几十年的人生总结出的经验。谦卑是一种智慧,是为人处世的黄金法则,懂得谦卑的人,必将得到人们的尊重,受到世人的敬仰。

过分地张扬自己,就会经受更多的风吹雨打,暴露在外的椽子自然要先腐烂。一个人在社会上,如果不合时宜地过分张扬、卖弄,那么不管多么优秀,都难免会遭到明枪暗箭的攻击。时常有人稍有名气就到处洋洋得意地自夸,喜欢被别人奉承,这些人迟早会吃亏的。所以在处于被动境地时一定要学会藏锋敛迹、装憨卖乖,千万不要把自己变成对方射击的靶子。在积极求取巅峰期时,不妨思及颜之推倡导的人生态度,试图明了知足常乐的情趣,捕捉中庸之道的精义,使生活步调快慢均衡,才不易陷入过度偏激的生活陷阱之中。

人不能太精明。低调做人，不要小聪明，让自己始终处于冷静的状态，在“低调”的心态支配下，兢兢业业，才能做成大事业。谦逊能够克服骄矜之态，能够营造良好的人际关系，因为人们所尊敬的是那些谦逊的人，而绝不会是那些爱慕虚荣和自夸的人。老子认为“兵强则灭，木强则折”、“强梁者不得其死”。老子这种与世无争的谋略思想，深刻体现了事物的内在运动规律，已为无数事实所证明，成为广泛流传的哲理名言。

任何时候，情分不能践踏。主动吃亏，山不转水转，也许以后还有合作的机会，又走到一起。若一个人处处不肯吃亏，则处处必想占便宜，于是，妄想日生，骄心日盛。而一个人一旦有了骄狂的态势，难免会侵害别人的利益，于是便起纷争，在四面楚歌之中，焉有不败之理？

在为人处世中要低调，当自己处于不利地位或者危险之时，不妨先退让一步，这样做，不但能避其锋芒，脱离困境，而且还可以另辟蹊径，重新占据主动。要想先做事，必须先做人。做好了人，才能做事。做人要低调谦虚，做事要高调有信心，事情做好了，低调做人水平就又上了一个台阶。

当你取得成绩时，你要感谢他人、与人分享、为人谦卑，这正好让他人吃下了一颗定心丸。如果你习惯了恃才傲物，看不起别人，那么总有一天你会独吞苦果！请记住：恃才傲物是做人一大忌。

应酬学专家告诉你

一个懂得谦逊的人是一个真正懂得积蓄力量的人，谦逊能够避免给别人造成太张扬的印象。在生活上简朴些、低调些，不仅有助于自身的品德修炼，而且也能赢得上下的交口称誉。

别人心思要看破不点破

有位女老板，她家的小保姆每次离开她家时，都要顺便带一卷卫生纸，但她从不允许家人因此责备小保姆。她说，真的，如果她发现别人发现了她这一毛病就会辞职的，换个新的保姆还要适应对方新的毛病。

女老板的丈夫不听，有一次便忍不住揶揄小保姆：你家缺卫生纸的话，我可以每月送你足够用的，别一卷一卷地拿啊！

结果，小保姆脸面上挂不住便辞职了。新保姆呢，每次离开她家时，都要顺便往包里塞一块巧克力，这是女老板夫妇为自己的孩子买的，而且是很贵的品牌。这可比卫生纸贵多了！可是，这回她丈夫再不敢去揭小保姆的底儿了。他的逻辑是：别下一个是偷我红酒的啊！

在观棋的时候，我们会听有人这样说："看透莫说透，说透非朋友。"这是劝诫人们不要道破迷局。因为你看出问题，并有清晰的思路下好这步棋，但你是个旁观者，若你为一方指出迷津，可能会落到两难的境地：一方会怪你多管闲事，被指点的一方则怨你自作聪明。所以古人云："观棋不言真君子。"在生活中也会遇到许多如棋盘上的局迷，如果你直言直语，道破玄机，未必会落个"好人"的名声。所以智者懂得话不说破，不说过多赘言；而愚者会直言快语，看似大侠风范，却容易被人视为"眼中钉"，遭受打击报复。

没有人乐意让自己的缺点或错误暴露在大庭广众之下，如果一旦曝光，他们就会感到十分难堪或恼怒。某人若当面指出你的孩子如何如何不好，你肯定会大为不快，甚至同他争吵。

大多数人对待自己所做的某事或所持的某个观点都会认为是最好

的，就像认为自己的孩子是最好的一样，纵然有错误的地方，如果是被当面直言提出，心中总是感到大为不快的。因此，在不得不提，不得不说的时候，智者都会用十分委婉含蓄的语气说："你做得很好，如果能再……将会更加完美一些。"愚者则会说："你这样做费时费力，不如……"智者说："你的想法很好，你看这样是不是也行得通。"愚者会这样说："你的设想不合理，我认为……"因此，很多时候，智者的建议会被别人积极采纳利用，而愚者的批评则会引起别人强烈的不满和抵触。

对人方面，直言他人处事的不当或纠正他人性格上的弱点，不会被认作"爱之深，责之切"，而会被看做和他过不去。而且，你的直言直语也不会产生多少效用，因为每个人都有一个内心的堡垒，"自我"便缩藏在里面，你的直言直语恰好把他的堡垒攻破，把他从堡垒里揪出来，他当然不会高兴。

所以，智者委婉含蓄地建议在生活中会畅通无阻，而愚者的直言直语则处处遇红灯。

应酬学专家告诉你

其实"直言直语"是人性中一种很可爱、很值得大家珍惜的特质，因为也唯有这种直言直语的人，才能让是非得以分明，让正义邪恶得以分明，让美和丑得以分明，让人的优缺点得以分明。只是在人性丛林里，"直言直语"却是一种致命伤。

人情往来要有尺度

三国时的华歆为官清廉，具有很高的声望。他平日都在府里勤于政务，回到家中总是大门紧闭，谢绝宾客。

在华歆即将离开东吴前去京都赴任时，前去为他送行的人竟然有一千多。不管是出于何种目的，大家送给他的饯别礼物大多数都十分厚重。华歆对于朋友们和其他人给他送的礼物一概全部收下，但是暗地里却在每件礼品上都标上了送礼者的姓名，以便将来在适当的时候退回。

很快就要启程去京都赴任了，华歆把所有的送他礼物的亲戚朋友和其他人都请来欢聚一堂，设宴款待。

在宴罢将要启程之时，华歆把所有的礼品都拿出来集中到一起，微笑着对请来的宾客和朋友说："我很感激诸位的情分，为我送这么好的礼物，我也都十分喜爱，因此我把大家的礼品全部收下了。但是前去京都，路途遥远，而礼品又实在太多，我实在难以带走，请各位亲朋好友帮我想想办法吧！"

看到这个情景，大家都立刻明白了华歆的用意，谦让一番后，便纷纷取回各自赠送的礼品。从此以后，大家更加钦佩华歆为官的清廉和高尚的品德。

虽然古往今来的伦理学，都要求做人要公正无私，但一个人若真做到这点却是不容易的，特别是一些有权位的人物。从心理学角度来说，一个有公正心理的人，就要摈弃许多私心杂念，要经过反复的思想斗争与磨炼才能做到。华歆为人处世之道，可以说既没有贪恋物质的欲念，也没有得罪亲朋好友，他把人情的尺寸掌握得恰到好处。做到这点可不容易，不但要在人情处理上讲究谋略，而且还要懂得灵活变通，才能将事情处理得皆大欢喜。

但获得人情也不是很容易的事情。凭着三言两语，是得不到人情之垂青的。所以，几乎人人都重视人情，珍视人情。有些人可能去践踏真理，却很少去践踏人情。一般说来，一个人有多大的人情，就会获得多大的回报。依靠人情办事，就是为了求得人情的回报。

依靠人情办事，有许多分寸是要讲究的。因为，所谓的"人情"就像我们在银行里存款一样，存入的越多，存入的时间越长，兑现出来的利息就越多；反之，存入的越少，存入的时间越短，支取的利息也就越少。在银行里存入的钱不可透支，人情也是一样。假如支取多了，超过了存入的数额，就犯规了，不但不再有人情可支取，别人还会以为你不近人情，不知好歹。于是也就破坏了靠人情办事的分寸。

因此，一个人动用人情的次数要尽量少，以免提早把人情用光。人情储蓄也不能即存即支，如果急于找后账，急于在这笔人情账中得到回报，就犯了人情世故的大忌。这样做既丢掉了人情，丢掉了面子，也丢掉了做人的本分和进退的分寸。

还有重要的一点就是，做人不可以欠人情太多。欠太多了，也许你一辈子都还不起。假如果真如此，那么试想一个整日都活在负债中的人又怎么会轻松呢？

欠别人的越多就越会觉得在别人面前抬不起头，这样，在无形中就贬低了一个人的价值。所以，交往中不可以欠人情太多，在与人交往之前先要丈量好人情的尺寸。

应酬学专家告诉你

在交往中我们要记住这样一个物理规律：一种行为必然会引起相对的反应与行为。在有来有往的人情中，要善于给人留面子，把自己的人情储存在他人的账户上，以后的道路才会越走越宽。记住，切不可反过来做。

遇到尴尬怎么办

有一次，美国总统林肯在森林里散步，遇到一位老太婆，她望着林肯说：“天哪，你是我见过的最丑的人。”

林肯脱口而出：“请多包涵，我也是身不由己。”

在不协调的人际环境中，常常会出现尴尬的场面。比如在接待客人的热烈场合，有人突然站起来讲一些使客人难堪的话，这些与友好气氛不协调的话显然会使宾主双方感到尴尬。或者在大庭广众之下，自己的隐私突然被人公开，众人的目光聚焦自己，场面自然会很尴尬。所以，任何人际环境只要出现了偶发性的不协调事件，就可能出现尴尬场面。

尴尬场面的产生是有其深层次的心理原因的。首先，每个人都有心理敏感区。当你触及别人的心理敏感区，就会使别人陷入尴尬状况。人与人之间的差异是客观存在的，处理问题要因人因事而异，否则就会出现尴尬场面。以自我为中心的态度是促成尴尬的主要因素。有的人不管什么场合、对象，也不顾别人的心情，只管自己一时痛快，想怎么说就怎么说，这样会伤害到别人。

社会交往中的尴尬场面有时只会给人带来短暂的不快，并不会在心理上留下有害的印记。但是，严重的尴尬反应会引发人际矛盾与冲突，对人际关系起破坏作用，或引起交往双方的情绪波动，甚至转化为消极情绪笼罩之下的心境，影响正常的学习、生活和工作。

要想避免尴尬的发生，或能够妥善处理尴尬场面，就要养成良好的社会交往习惯。

尴尬场面多半是在交往者缺乏知识经验和交往技巧的情况下出现

的。如果交往者具有丰富的知识经验，能灵活运用各种交往技巧和方法，有时候许多尴尬场面或许不会出现，即使出现也能得到缓解。

交往中的尴尬，有些是因自身缺乏修养，待人虚伪所引起。例如有的人说话不雅、唾沫四溅，一旦影响他人且被双方所知觉，就会使双方感到尴尬。因此，交往中出现的许多尴尬场面往往是自为的结果，原本是可以避免的，只因自己修养较差，不拘小节，待人不够真诚，所以使自己频频陷入尴尬境地。

幽默是一种智慧，是一种应变能力。在人际关系中幽默是解除尴尬的润滑剂，在很难堪的场合，幽默能起到心理缓冲的作用。幽默是化解尴尬的方法之一，但如果运用得不恰当，虽然能给自己解围，却会在对方心灵上留下不愉快的回忆，所以幽默也要分场合，并注意分寸。

尴尬场面的出现可能是无意过失，也可能是人为制作。这些人之所以要引发尴尬场面，自然有其目的、意图的。不过，如果平时人际关系良好，彼此友好相处的朋友之间一般不会置对方于尴尬境地。

应酬学专家告诉你

只要与人为善，平时人缘较好，就能避免许多人为制造的尴尬。即使有人企图使你陷入尴尬，朋友也会出来为你解围，帮助你渡过难关。

记住别人的名字

西奥多·罗斯福是美国的一位著名总统,他和善可亲,异常地受人欢迎,原因之一就是他很善于记住别人的名字。

有一天,罗斯福在卸任后重回白宫拜访新总统,碰巧在任的塔夫脱总统和太太都不在,他向白宫所有的服务人员打招呼,并且礼貌而又真诚地叫起了每一个人的名字,甚至连厨房的帮工也不例外。当他见到厨娘亚丽丝时,就亲切地问她是否还烘制玉米面包,亚丽丝回答说有时会为服务员烘制一些,但是“楼上”的人都不吃。

“他们的口味太差了,”罗斯福有些抱不平地说,“等我见到塔夫脱总统的时候,我会这样告诉他。”

亚丽丝端出一块玉米面包给他,罗斯福一边吃一边走向办公室,同时在经过园丁和工人的身旁时,还跟他们打招呼。

善于记住别人的姓名是一种礼貌,在应酬交往中会起到意想不到的效果。日常生活中处处涉及如何记住别人的相貌和姓名的问题。两者要“对号入座”,不能张冠李戴。

世界上天生就能记住别人名字的人并不多见,大多数人能做到这一点全靠有意培养形成的好习惯。而你一旦养成了这种好习惯,它就能使你在人际关系和社会活动中占有很多优势。当你在第二次与人见面10秒钟后还在绞尽脑汁地追忆这个被忘却的名字时,那是因为你在初次会面时注意力没有集中,而只是专心于你自己。如果你在别人自我介绍时未能集中注意力,就应该礼貌地请他再重复一遍。

如果你只想通过死记硬背来记住别人的名字,那可能会很快忘掉。但

假如你把他的名字和脸庞以难忘的形象戏剧化，你就会轻易地记住。记住新名字的最佳办法就是采用“联想—夸张”法，在两个不相同的事物之间构成一定的联系。具体办法是：当你刚刚结识一张新面孔时，要聚精会神地凝视他的脸庞，看是否有特别令人感兴趣、吸引人或与众不同之处。例如，头发是否又黑又整齐、眉毛是否很浓、眼睛是否特别明亮等，从这些特点中选出一个，然后再通过夸张等方式储存到记忆中去。

一旦你已经记住了某人的特点，就要通过最基本的甚至是有趣的联想将这个人的名字转换成一个难忘的形象。其中最简单的联想所产生的效果最佳。主要的联想方式有颜色联想、年代联想、地名联想、物体联想等。当你为一个新名字找到了戏剧性的形象时，就要将它匹配到那个具有明显特征的人的脸上。如果你能使这些形象互相作用、互相影响，就会轻易地回忆起这个人的名字。

应酬学专家告诉你

认识一个新朋友后，在与他的交谈中，要尽可能多地在适当时候重复他的名字。这样，在谈话结束时，这个名字就深深地刻在你的脑子里了。事后，你也可将这人的名字及你所记住的形象写下来，进一步加深印象。

第二章
职场商战的进退规则

会应酬助你成功

汉宣帝刘询即位之前,生活在民间,与杜陵人陈遂是好朋友。两人平日经常下棋消遣,陈遂常败在刘询手下,输了很多钱。宣帝即位后,任命陈遂为太原太守,并讨要当年陈遂欠下的赌债,说:“太守的官位很尊崇,俸禄很丰厚。你现在薪水很高,有钱了,应该偿还我的欠款了。”他生怕陈遂不认账,还说:“你夫人君宁当时就在场,问她就知道了,别赖账……”

不过陈遂很有自知之明,知道这样的升官发财太过儿戏,于是辞谢宣帝的提拔,说:“我欠您钱这事儿发生在元平元年大赦天下之前啊。”意思是我的赌债已经被您赦免了啊,既然不用还钱,这个太守也就不要当了。

我们且不论陈遂有没有能力当好太守,但是如果他不是汉宣帝的“棋友”,也就不会有这个机会。

随着商业社会越来越发达,应酬已经成为职场、商场等地方必不可少的环节。简单的形式有喝茶、工作餐,复杂的形式有宴请、晚会,休闲的形式有高尔夫、舞会,正式的形式有会谈、见面会等,这都是经常遇到的应酬形式。

应酬说到底是为人和人之间的交流与了解提供一个环境、一个平台。无论是吃饭也好,玩乐也罢,应酬无非就是一个交流、观察、下结论的过程。如果你善于应酬,给别人留下了良好的印象,那么再接下去就很容易进行更多的合作;如果别人在应酬中表现得体,也会让你增加对其“评分”,也更加乐意与其合作。

一个有无穷上升潜力的人才必定是智商与情商都高,并且情商尤为出色的人。情商出色就体现在会应酬上。应酬好自己的同事,维持良好的

关系和团队合作；应酬好自己的领导，让领导对自己放心、有信心；应酬好客户，顺利达成交易，为公司做大做强尽一份力。如果你作为领导，遇到了这样省心、优秀的下属，会不提拔他吗？

应酬都是一些细小功夫，然而实践起来却很难。因为大多数人都没有这样的耐心，又往往拉不下来面子顺着别人的脾气走，更有的是不够聪明，摸不清对方的脾气，数发子弹也打不中目标，白费了力气。如果是个聪明人，自然可以采用八面玲珑的方法来广泛应酬，赢得加分。但这也不是说，凡是老实人就不会应酬，不能得到嘉奖。聪明人有聪明人的应酬法，老实人也有老实人的应酬法。

身在低位需要应酬，身在高位同样也需要应酬，只不过表现的方式不同罢了。某企业的领导人表现出不可一世的傲气，或者为了维护自己的权威而摆出一副咄咄逼人的架势，这样的领导，员工们只会敬而远之，不会对其产生任何感情。真正会应酬的领导，在员工面前，永远是打着“亲和力”这张王牌，让员工认为领导是关心自己的，认为领导是为自己着想的，在心理上与员工拉近了距离，自然也就得到了最广泛的拥护。

谁说只有饭桌上、球场上才叫应酬呢？领导与员工的接触也是应酬的一种。恰当地表现亲和力，与员工同甘共苦，才能从心理上赢得员工的尊重与爱戴，才能最大限度激起员工的工作热情，也能增加员工对企业的归属感。

应酬学专家告诉你

应酬说到底就是与人的交往。不管是素不相识的人也好，故旧知己也罢；不管是上司领导，还是下属职员；不管是日常联系，还是商务宴请，只要把握住了应酬的真谛并运用自如，就能在应酬中恰当地表现自己，赢得赏识，为事业之路注入强力的助推剂。

学会把面试当应酬

有个女大学生到了毕业找工作的阶段，看到几乎所有同学都要给自己添置几套像样的行头，以备面试之用，她也坐不住了。不过她的经济条件有限，买不起正经的名牌职业装，就听同学的建议，到外贸小店买了一套足以以假乱真的假名牌。

第二天，她穿着新衣服去参加某知名公司的面试。几位考官对她的形象评分不错，对她的应答也颇为满意，一切都进行得非常顺利。最后一个问题由那个一直沉默的女考官发问："你的着装很有品位，不过，你所穿着的品牌似乎不是你这个年龄学生的经济能力所能承受的。你不觉得你的追求太超前了吗？"

当时女生就蒙了。这可怎么解释呢？难不成跟考官说这都是假名牌？一心虚，脑子一片糨糊。支支吾吾半天，越解释越不明所以。考官终于不耐烦地打断了她，让她回去等通知。没想到这次面试最后竟然砸在这套给自己壮胆的衣服上面，真是弄巧成拙！

面试在很多情况下是与陌生人最直接的"短兵相接"，并且要求这种接触和谐、融洽。礼多人不怪，礼仪是道德的一种外在表现形式，它在人际关系的调节中具有不可忽视的作用。

面试是正式场合，应穿着适合这一场合的衣服，着装应该较为正式，又略带学生气。总之，作为参加面试的大学生，穿着打扮应给人"信得过"的印象，符合着装大方、精神饱满、有青年人朝气的特点。

毕业生参加面试应特别注意遵守时间，以表示求职的诚意，给对方以信任感。同时也有时间调整自己的心态，并作一些简单的礼节准备，以免仓促上阵，手忙脚乱。进入面试室之前，不论门是开是关，都应先轻轻敲门，得到允许后才能进入，切忌冒失入内。入室应整个身体一同进去。入室后，背对招聘者将门关上，然后缓慢转身面对招聘者。关门动作宜轻，以从容、自然为好，见面时要向招聘者主动打招呼问好致意，称呼得体。在招聘者没有请你坐下时，切忌急于落座。请你坐下时应道声“谢谢”，然后等待询问开始。

面试过程中坐姿要端正，胸部挺直，脚放在本人座位下，两膝并拢，将手放在膝上。两腿不要任意伸直，两臂不要交叉在胸前，更不能把手放在邻座椅背上，不要给别人一种轻浮傲慢、有失庄重的印象。面部表情应始终带着微笑，谦虚和气，有问必答，切忌板起面孔，爱理不理，以眼瞟人。尤其是在对方有意轻慢、提问刁钻以视心理反应时要特别小心，无缘无故皱眉头或毫无表情都给人以反感。面试过程中最好把目光集中在招聘人的额头上，且眼神自然，以传达你对别人的诚意和尊重。经验证明：魂不守舍、目光不定的人，让人感到不诚实；眼睛下垂，则给人以缺乏自信的印象；而眼直盯着提问者，会被误解为向他挑战，给人以桀骜不驯的感觉；东张西望，让人觉得三心二意；左右扫视、上下打量，则显得无礼。

面试结束时，应一面徐徐起立，一面以眼神正视对方，趁机作最后的表白，以突显自己的满腔热忱，并打好招呼。比如说：“谢谢您给我一个面试的机会，如果能有幸进入贵单位服务，我必定全力以赴。”然后欠身行礼，说声“再见”，轻轻把门关上退出。

最后，别忘了面试归来后写一封感谢信，招聘者的记忆是短暂的，感谢信是你最后的机会，它能使你显得与其他想得到这份工作的人不一样。

应酬学专家告诉你

毕业生参加面试要放亮眼睛，观察环境，见机行事，先要寻找周围环境中有什么地方需要你做点什么。虽然是一件不起眼的小事，有时会成为你面试成功的契机，因为，这有利于彼此情感的交流和气氛和谐，让对方接纳你。

同事间的应酬艺术

杰克是一家大汽车公司的雇员，由于工作勤奋努力，成绩斐然，在短短的几年间，步步高升，事业可以说是一帆风顺。而有几位跟他一同起步的同事，限于能力和机会，却至今仍保持着多年前的原状。因此在大家相处之时，杰克总觉得不太自然，甚至还有些战战兢兢。起初他为了避免老同事们指责他过于高傲，惹个“一朝得志便不可一世”的批评，频频地请这几位老同事吃饭，而且说话也比过去更加小心、客气了，饭菜档次更是极显尊重。不料同事不仅没领他的情，反倒认为他简直得意忘形，太“招摇”了，甚至越发不平衡起来，认为杰克原本就是个“草包”，原来就是凭着这些“卑劣”手段爬上去的。杰克最终落了个“赔了夫人又折兵”，气得几乎吐血。痛定思痛之后，他决定卸掉包袱，轻装上阵，仅以平常心淡然面对平常事，一切竟然又应付自如了。

踏上了工作单位这个舞台，一举手一投足都免不了与同事的寒暄、应酬。如果说一个人的工作态度、办事能力，以及个人才华使他得以步步高升、平步青云的“硬件”，那么是否能被上下认可，左右逢源，深谙应酬的艺术恐怕就是出人头地的“软件”了。

把同事吸引到自己身边是应酬的目的，但首先要使自己“被吸引”到同事们那里去。你对有些同事可能不怎么重要，但也许不定何时他们对你却关系重大。只有争取同事的拥戴、赞同——即使你不在场，赢得人心，才是平日应酬的最大成功。

现代社会，那种不即不离，不远不近的同事关系，被认为是最难得和最理想的。与同事相处，终日正襟危坐，严肃、客气都不好。人家会认为你不合群、孤僻、不易交往；太近乎了也不好，容易让别人说闲话，也容易让上司误解，认为你是在搞小圈子，动机不良。说来说去，还是“君子之交淡如水”为好。

同事间，说人长短，制造是非之举理当不为。比较小气和好奇心重的人，聚在一起就难免说东家长西家短。虽说偶尔加入他们一伙，胡乱批评或调笑一些单位以外的人的轶闻趣事，倒也无伤大雅，但是对同事的弱点或私事，保持缄默才是最明智的做法。众多同事中，自然难免会有一两个特别投缘的，私下里成了好友无可厚非，但是无论自己的职位比这位同事兼好友的人高还是低，都不能因为两人关系好，就做出偏袒的模样。一个公私不分的人，永远做不了大事，何况任何领导都讨厌这类人，认为不值得信赖。

同事间，一方有困难，另一方在道义上负有不容推却的责任。但是却并非任何时候都应出手相援，而是同样要有所不为。这就要看这种帮助属于何种性质。我们知道，所谓同事，就是就某一个小团体中某些人相互之间的关系而言的。但是对于这些人而言，他们不仅生活在同事之间的小环境中，而且，他们在整个社会生活中，具有更为广泛的社会联系，因此，如果不能正确地协调这两个关系，结果则会不那么令人满意。

应酬学专家告诉你

如今，越来越多的人信奉：同事之交，乃君子之交也。君子之交，理当有所为，有所不为。所谓“君子之交谈如水”，恐怕就是提倡一种同事间的适距原则——太近则昵，太远则疏。过于亲昵则遭忌，忌则谤生；过于疏远则遭议，议论多则是非生。所以，还是“淡如水”的好。

不要过分自我表现

吉米是一家大公司的高级职员，平时工作积极主动，表现很好，待人也热情大方。但有一天，一个小小的动作却使他的形象在同事眼中一落千丈。那是在会议室里，当时好多人都等着开会，其中一位同事发现地板有些脏，便主动拖起地来。而吉米似乎有些身体不舒服，一直站在窗台边往楼下看。突然，他走过来，非得要拿过那位同事手中的拖把拖地。本来差不多快拖完了，并不需要他的帮忙。可吉米却执意要求，那位同事只好把拖把给了他。

刚过半分钟，总经理推门而入。他正拿着拖把勤勤恳恳、一丝不苟地拖着。这一切似乎不言而喻了。

从此，大家再看吉米时，顿觉他很虚伪。以前的良好形象被这一个小动作一扫而光。

表现自己并没有错。在现代社会，充分发挥自己的潜能，表现出自己的才能和优势，是适应挑战的必然选择。但是，表现自己要分场合、分方式，不要让人看上去矫揉造作，否则不仅别扭，又好像是做样子给别人看的。

在工作中，往往有许多人把握不好热忱和刻意表现之间的界限。不少人总把一腔热忱的行为演绎得看上去是故意装出来的，也就是说，这些人学会的是表现自己，而不是真正的热忱。热忱绝不等于刻意表现。在需要关心的时候关心他人，在应当拼搏的时候撒上一把汗，真诚自然，谁都会赞许。而不失时机甚至抓住一切机会刻意表现自己，则会让人觉得虚假而不愿与之接近。

威廉·温特尔说："自我表现是人类天性中最主要的因素。"人类喜欢表现自己就像孔雀喜欢炫耀美丽羽毛一样正常。但刻意的自我表现会使热忱变得虚伪，自然变得做作，最终的效果还不如不表现。

许多人，在其谈话中不论是否以自己为主题，总有突显自己，主张自我的表现。这种人虽说可能被人高估为"具有辩才"，但是也可能被认为是"口无遮拦"，显得轻浮或经常想要"引人注目"，暴露出其自我显示欲求的否定面，常使别人产生排斥感和不快情绪。

善于自我表现的人常常既"表现"了自己，又不露声色。他们与同事进行交谈时多用"我们"这个词而很少说"我"，因为后者给人以距离感，而前者则使人觉得较亲切。要知道"我们"这个字眼，代表着"你也参加"的意味，往往使人产生一种参与感，还会在不知不觉中把意见相异的人划为同一立场，并按照自己的意图影响他人。

善于自我表现的人从来杜绝说话带"嗯"、"哦"、"啊"等停顿的习惯，这些语赘可能被看作对开诚布公还存有犹豫，也可能让人觉得是一种敷衍、傲慢的官僚习气而令人反感。

应酬学专家告诉你

真正的展示教养与才华的自我表现绝对无可厚非，只有刻意地自我表现才是最愚蠢的。如果我们只是要在别人面前表现自己，使别人对我们感兴趣，我们将永远不会有许多真实而诚挚的朋友。所以要学会不露声色地表现自我，让别人也有参与感。

上司需要下属的恭维

1909年，德国末代皇帝威廉二世说了一些令人难以置信的话，招惹了一些外交纠纷。在这种狼狈的情况下，威廉二世向帝国总理大臣布洛亲王建议，由他来承担一切责难。

“但是，陛下，”布洛亲王说，“这对我来说几乎不可能。没有人会相信我有能力建议陛下说出这些话。”布洛亲王的话一说出口，就明白自己犯了大错。

“你认为我是一个蠢人，”威廉皇帝大为恼火，“只会做些你自己不会犯的错事？”

此时，布洛亲王知道他应该先恭维几句，然后再提出批评。但既然已经迟了，他只好采取稍逊一些的方法，即在批评之后，再予称赞。

“我绝没有这种意思。”他尊敬地回答，“陛下在许多方面皆胜我许多，尤其是在自然科学方面。我十分佩服，并觉得十分惭愧。我对自然科学茫然无知，对物理学或化学毫无概念，甚至连解释最简单的自然现象的能力也没有。但是，为了补偿这方面的缺点，我学习了某些历史知识，以及一些可能在政治上，特别是外交上有帮助的学识。”

听了这些话，皇帝的脸上露出微笑。布洛亲王赞扬他，并让他自己显得谦卑，这已值得皇帝原谅一切。“我不是经常告诉你，”他热诚地宣称，“我们两人互补长短，就可闻名于世吗？我们应该团结在一起，我们应该如此！”这位无知且自大的皇帝和布洛亲王握手，他十分激动地握紧双拳说：“如果任何人对我说布洛亲王的坏话，我就一拳打在他的鼻子上。”

与地位比自己高的人谈话，一言不当，就可能触怒对方，轻者遭受一顿批评，重者引发不堪设想的后果。人人都有喜欢他人恭维的心理，这种恭维可以带给人一种满足，一种飘飘然的感觉。尤其是威严的上司，对这种恭维的心态体现得更为突出。

假如在说话时，不小心触怒了自己的上司，在辩解时语气要和缓有度，既要恭维对方，掩饰开始的过失，又要表明自己谦卑的态度。其结果是僵硬的气氛得到缓和，敌对的态度也会变得友好。因此，有时候说几句贬抑自己而赞扬对方的话，会取得异乎寻常的效果。

一些聪明的下属知道如何跟上司沟通最有效，如何回答上司提出的问题并且妙趣横生，使上下级的交谈通畅而愉快。下级对上级说话时，要避免采用过分怯懦、拘谨、谦恭，甚至唯唯诺诺的讲话态度，要改变诚惶诚恐的心理状态，应该活泼、大胆和自信地与之沟通。在回答上司的问题时，下级应采取不卑不亢的态度。在必要的场合，也不必害怕表示自己的不同观点，只要我们是从工作出发，摆事实，讲道理，领导一般是会考虑的。当然，作为下属，还应该了解上级的个性，从而采取不同的态度。要知道即使再威严的领导，他首先是一个人。作为一个人，他有他的性格、爱好，也有他的语言习惯等。因此，我们必须要清楚，不要认为这是“迎合”，这正是运用心理学来处理人际关系的一种学问。

应酬学专家告诉你

回答上司提出的问题时，在态度上要做到不卑不亢。不要过于畏惧而表现得唯唯诺诺，也不要过于曲意逢迎，而要针对上司的性格与所提问题的性质去巧妙回答。但有时候，适当的恭维，也会使交谈变得通畅而愉快。

怎样向上司献计献策

伍德罗·威尔逊总统在任其间，他身边许多人都觉得他是“一扇老橡木做的门”。因为，威尔逊总统有才能，但非常自负，对别人的意见往往瞧不起，要么不采纳，要么根本不予理睬。不过，有一个人是个例外，这个人就是他的助理豪斯。那么，豪斯又是如何做到的呢？

这位国务重臣自有他的独到之处。豪斯说：有一次，他被单独召见，他明知总统不容易接受别人的建议，但还是尽自己所能，清楚明了地陈述了一种政治方案。因为他苦心研究过，自认为相当切实可行，所以说得理直气壮，然而他没有得到与其他同事不同的命运。威尔逊当即表示：“在我愿意听废话的时候，我会再次请你光临。”

但是，让豪斯想不到的是在数天之后的一次宴会上，他吃惊地听到威尔逊正在把他数天前的建议作为总统自己的见解公开发表！这件事使豪斯大彻大悟，懂得了向总统贡献意见和建议的最好方法：避免他人在场，悄悄把意见“移植”到总统的心中。于是，豪斯开始真的实行自己的献策计划，使总统不知不觉地感兴趣，然后，将这计划作为总统自己的“天才构思”而公之于众，最后，使总统坚定不移地相信是他本人想出了这个好主意。

豪斯向自己上司谏言的方式，是一种自愿的举动，双方的沟通方式是默契心理的行为。这种心理不需要把事情讲得过于清楚、明白，只要双方都心知肚明就可以了，它通过潜移默化的方式使对方采纳。

在威尔逊执政期间，豪斯都采用这种简单而有效的“种子移植”策略，向自己的上司谏言。然而，他对威尔逊的影响，比当时成群的政治领袖加在一起都大。

事后，人们方才窥见豪斯的秘诀，并称豪斯为“移山倒海”的大师。后人曾开玩笑说，豪斯是发明了“思想试管婴儿”的第一人，威尔逊则是这次伟大试验的母体。

也许很多人都会遇到“谏而不纳”的情况。当自己苦心酝酿出一个非常优秀的计划之后，兴冲冲地向上司推荐时，心里还满以为上司会嘉奖一番，没想到却被拒之门外。

这时很多人往往会为自己献策不受重视、不被采纳而苦恼，他们会抱怨说：“如果能遇上一个知人善用、从谏如流的上司就好了。”

这几乎成了所有下属的一种传统、固定的思维模式。很少有人愿意换一种思维方式来考虑“谏而不纳”的原因。要知道领导在大小决策上的错误往往是由于个人情绪、好恶等原因而无意中犯下的，只要稍加提示就能够让他意识到并自觉修正。

但聪明的下属为了不使领导感觉没面子或下不来台，会注意提示的方式，既要达到提示的目的，又要委婉巧妙，使领导能够愉快地接受。其实，新的思维模式往往能给我们带来新的出路。

应酬学专家告诉你

向上司谏言大有学问，如果下属以委婉巧妙的方式，做到双方心知肚明，谏言就能够愉快地被上司采纳。如果通过这种暗示，使其意识到自己的错误并自觉修正，则是再好不过的了。

用娱乐凝聚团队

美世咨询公司亚太区医疗及福利业务主管罗萨林，曾委托新加坡“胡荽叶厨艺学校”举办一个“烹饪班”。由于美世来自美国及14个亚太国家的公司各部门负责人即将在新加坡开会，特别需要一种超越语言和文化障碍的活动，以便把大家融合在一起。结果会议第一天举办的烹饪班活动成了“破冰”之举，让未曾见面的同事开始像团队一样工作。

罗萨琳认为，该公司的团队凝聚力如此强，要归功于那次烹饪活动，举办这项活动两年以来，42名参加者没有一个离开公司的。她说，虽然烹饪比赛已是陈年往事，但同事们至今仍津津乐道于当年的趣事和结下的情谊。

团队凝聚力的大小受到很多因素的影响。

团队内部的一致性是影响团队凝聚力最主要的因素。团队内部的一致性是指团队成员之间的相似性程度，包括成员的需要、动机、信念、兴趣、认识水平，等等。一般说，成员之间的一致性越高，团队成员之间配合越默契，态度也越一致，凝聚力也越高。但有时也会因工作性质相似，造成团队内部的竞争，致使凝聚力降低。

当团队受到外界作用时，会增强团队成员相互间的价值观念，使成员自觉地结合在一起一致对外，由此提高团队的凝聚力。此外，为了团队在竞争中取胜，也能使团队成员保持一致，增强团队的凝聚力。所以，团队外部的压力也会影响团队的凝聚力。

此外，团队的地位、团队的信息沟通以及团队的心理气氛均影响团队的凝聚力。

那么，如何来提高团队凝聚力呢？

首先，必须为团队规划一个共同的远景展望。团队远景，就是团队的发展和前途，是团队行为的根本目标，是团队所有人员信心的基础来源。看得到远方的灯火，脚下的路才开始坚实。船队出海，没有目标的航程，各路船只就要迷失方向，四散漂流。所谓道不同不相为谋，期望不同、展望不同，就谈不上凝聚。团队应该把成员的价值观和团队的核心价值观统一起来，确保把成员的积极性激活，才能真正实现成员为团队的前程团结一致、全力以赴地去努力。同时，要将团队成败的利害关系与团队成员产生直接联系。许多企业都采取让员工直接参股的方式，来密切员工与企业间的关系，从而增强团队的凝聚力，提高生产效益。

其次，应该提高团队的忧患意识，增强团队的竞争性，要争做该行业的“领头羊”。将内部矛盾化解转移为外部矛盾，就可减小内部矛盾产生的机会，而使团队内部出现“一致对外”的局面。在这种情况下，往往能增强团队的凝聚力和自信心。

因此，除了正常的业务以外，适当安排一些集体娱乐活动，对团队的凝聚力有非常好的促进作用。最重要的一点是，在娱乐活动中，团队成员没有什么利害冲突，因此可以更好地沟通、交流，在合作中获得乐趣。

应酬学专家告诉你

一个团结的团队内部成员间的交流与沟通是非常必要的，团队成员间的交流和沟通可以强化团队的一致性，密切相互间的关系，从而达到增强团队凝聚力的作用。一次聚餐或者拓展训练课程都可以达到这个效果。

顾客需要关怀

乔·吉拉德是美国最有名的汽车推销员。一天，他接待了一位女顾客，她说她只是来看车打发时间。闲谈中，她告诉乔·吉拉德她想买一辆白色的福特车，就像她表姐开的那辆，但对面福特车行的销售人员让她过一小时再去，所以来这里看看。她还说这是她送给自己的生日礼物——今天是她55岁生日。

“生日快乐！夫人。”乔·吉拉德一边祝福她一边请她去里边随便看看。然后走出展厅交代给了秘书一件事情，又走了回来。吉拉德向这位女顾客介绍白色雪佛莱车的时候，吉拉德的秘书递给吉拉德一束玫瑰花。他把花送给那位顾客：“祝您长寿，尊敬的夫人。”

那位妇女很感动，眼眶都湿了。

她说：“已经很久没有人送我礼物了。”还说，本来就是想买一辆和表姐一样的福特车，但是福特车行的销售人员却说要去收一笔款，她于是便来这里随便看看，现在她不一定非要买福特车，雪佛莱也是可以的。最后，她在吉拉德那里买了一辆雪佛莱汽车。

很多时候，顾客需要的不仅仅是商品，他们更需要别人的关怀。乔·吉拉德用一束可能并不昂贵的玫瑰花打动了顾客的心，而不懂得应酬之道的人恐怕说得口干舌燥也未必能达到同样的效果。

在以客户为中心的商业模式中，客户关怀是客户维护的重要方面。随着竞争的日益激烈，企业依靠基本的售后服务已经不能满足客户的需要，必须提供主动的、超值的、让客户感动的服务才能赢得客户信任。

不同企业对于客户关怀的内容有不同的解释，概括起来主要是企业售出服务以外的为客户额外提供的服务。另一些观点则认为客户关怀贯穿于市场营销的所有环节，具体包括：一是客户服务，如向客户提供产品信息和服务建议等；二是产品质量，应向客户提供符合有关标准、适合客户使用的产品与服务；三是服务质量，指与企业接触过程中客户的体验；四是售后服务，包括售后的查询和投诉等。

从时间上看，客户关怀活动包含在客户从购买前、到购买中、直至购买后的客户体验的全部过程中。购买前的客户关怀会加速企业与客户之间关系的建立，为鼓励和促进客户购买产品或服务起到催化剂的作用。购买期间的客户关怀则与企业提供的产品或服务紧紧地联系在一起，包括订单的处理以及各种有关销售的细节，都要与客户的期望相吻合，满足客户的需求。购买后的客户关怀活动，则集中于高效地跟进和圆满地完成产品的维护和修理的相关步骤，以及围绕着产品、客户，通过关怀、提醒或建议、追踪，最终达到企业与客户互动。企业对产品、客户及其变化趋势有很好的把握效果，能为企业进一步的产品长级、客户拓展达到积累资料的目的。售后的跟进和提供有效的关怀，可以大大增强客户对产品和企业的忠诚度，使客户能够重复购买企业的产品和服务。

应酬学专家告诉你

客户关怀管理真正体现了“以客户为中心”，“以营销为整体”的现代企业经营理念，是企业市场营销系统的重要组成部分，也是企业打造持续的市场竞争力、实现可持续发展的基本要求。

浇灭客户的怒火

一次，在某宝马汽车4S店门口上演了一起“砸车秀”。车主朱先生在退车无果之后，举起砖头砸碎了一辆宝马轿车的前挡风玻璃。这看似突如其来的举动，其实早在一个多月前就埋下了导火索。

那时，朱先生驾驶着这辆宝马，在高速公路上突然发现刹车踩不下去，好在当时前方没车，车辆凭惯性向前滑行了几公里后停下来。最终宝马店将车拖回后检查发现，该车因制动模块损坏导致刹车失灵。

朱先生的公司陆续从这家店购买了5辆宝马汽车，相继出现转向模块故障、音响模块故障、水箱漏水等问题，而刹车失灵触碰到他接受度的底线。其后一个月内，朱先生多次通过发函、打电话等方式要求退还5辆宝马车，宝马店的“客户关怀部”经理和公司副总也曾两次上门拜访，协商解决办法，但最终却因双方各不让步，导致出现砸车一幕。

在和客户的长期接触中，很容易出现危机。对相应的回应方式应成竹在胸，特别对于新手，这是最基本的业务准备。并且，在实际工作中不断充实这个“危机库”和相应的“应答库”，并制成实用的销售手册，这实际上是组织学习的一个基本内容。

面对危机时心情急躁、不舒服是正常的，但显然应调整态度以让客户感觉“你明白并尊重他的异议”。因为客户只有在觉得被尊重，异议被重视，相信你会全力解决问题的时候才会和你交流，说出心里话，并提供更多的资料。诚挚的倾听和热情的回应是良好态度的要件。

危机背后的原因通常很复杂且难以琢磨。在没有确认客户反对意见重点及程度前，销售人员直接回答客户的反对意见，往往可能会引出更多的危机。因此，积极地询问就显得尤为重要，切忌对自己的判断过于自信。多问"为什么"，让客户自己说出原因。因为，当问到为什么的时候，客户必须回答反对意见的理由，说出自己内心的想法，并且会潜意识地重新检视其反对意见是否妥当。

优秀的销售人员不仅要能对客户的问题给予一个比较圆满的答复，而且要善于选择恰当的时机。需要指出的是，很多危机需要立即解决，这既是促使客户购买的需要，也是对客户尊重的需要。

异议有疑虑、误解、缺点和投诉之分，针对不同的异议须有的放矢。面对疑虑，应询问产生疑虑的原因；面对误解，应询问误解背后的需要；面对缺点，应询问客户的需要，以及与需要背后的需要的关系；面对投诉，应询问发生了什么，过去的产品怎么未能满足需要，以及现在的需要。

产生误解是由于客户不了解你的产品和公司，或得不到正确的资料。在销售过程中，误解是很常见的。例如你没有问及或客户没有听到都可以产生误解。但问题的根本点是误解背后客户有需要，所以要澄清该需要，并设法满足客户的需要。

应酬学专家告诉你

疑虑说明客户需要保证，需要有力的证据，所以销售人员要提供相关的资料，证明产品确如所说的那样能给予客户利益，满足其需求。需要注意的是，证明资料必须是相关的，也就是要针对客户所怀疑的特征和利益。

打破谈判中的僵局

僵局使谈判双方陷入一筹莫展的境地。它影响谈判效率，易挫伤谈判人员的自尊心。因此，应尽力避免在谈判中出现僵局。在僵局已经形成的情况下，一般应采取以下对策来缓和双方的对立情绪，使谈判出现新的转机。

第一，应抛弃旧的传统观念，正确认识谈判中的僵局。许多谈判人员把僵局视为失败，企图竭力避免它，在这种思想指导下，不是采取积极的措施避免，而是消极躲避。在谈判开始之前，就祈祷能顺利地与对方达成协议，完成交易，别出意外麻烦。特别是当他负有与对方签约的使命时，这种心情就更为迫切。这样一来，为避免出现僵局，就事事处处迁就对方，一旦陷入僵局，就会很快地失去信心和耐心，甚至怀疑起自己的判断力，对预先制订的计划方案也产生了动摇，还有的人后悔当初如何如何。这种思想阻碍了谈判人员更好地运用谈判策略，事事处处迁就的结果，就是达成一个对己不利的协议。

应该看到，僵局出现对双方都不利。如果能正确认识，恰当处理，会变不利为有利。我们不赞成那种把僵局视为一种策略，运用胁迫对手妥协的办法，但也不能一味地妥协退让，否则不但僵局避免不了，还会使自己十分被动。只要具备勇气和耐心，在保全对方面子的前提下，灵活运用各种策略、技巧，僵局就不是攻克不了的堡垒。

第二，避重就轻。转移视线也不失为一个有效方法。有时谈判所以出现僵局，是僵持在某个问题上。这时，可以把这个问题避开，磋商其他条款。例如，双方在价格条款上互不相让，僵持不下，可以把这一问题暂时抛在一边，洽谈交货日期、付款方式、运输、保险等条款。如果在这些问题的处理上双方都比较满意,就可能坚定解决问题的信心。如果一方特别满意,很可能对价格条款会做出适当让步。

第三,运用休会策略。谈判出现僵局,双方情绪都比较激动、紧张,会谈一时也难以继续进行。这时,提出休会是一个较好的缓和办法,东道主可征得客人的同意后,宣布休会。双方可借休会时机冷静下来,仔细考虑争议的问题,也可以召集各自谈判小组成员集思广益,商量具体的解决办法。

第四,改变谈判环境。即使是做了很大努力,采取了许多办法、措施,谈判僵局还是难以打破,这时,可以考虑改变一下谈判环境。

谈判室是正式的工作场所,容易形成一种严肃而又紧张的气氛。当双方就某一问题发生争执,各持己见、互不相让,甚至话不投机、横眉冷对时,这种环境更容易使人产生一种压抑、沉闷的感觉。在这种情况下,我方可以建议暂时停止会谈或双方人员去游览、观光,出席宴会,观看文艺节目,也可以到游艺室、俱乐部等处玩乐、休息。这样,在轻松愉快的环境中,大家的心情自然也就放松了。更主要的是,通过游玩、休息、私下接触,双方可以进一步熟悉、了解,清除彼此间的隔阂,也可以不拘形式地就僵持的问题继续交换意见,寓严肃的讨论和谈判于轻松活泼、融洽愉快的气氛之中。这时,彼此间心情愉快,人也变得慷慨大方。谈判桌上争论了几个小时无法解决的问题,在这样的环境中也许会迎刃而解。

应酬学专家告诉你

如果你有请求和希望,那么最理想的就是让对方处于完全放松的心理状态,来倾听你的意见,并接受你的要求。心理学认为在共同进餐中对方更容易接受你的要求。饮食对人际交往有着积极的影响作用,所以,应酬不是简单的吃喝玩乐,而是商务交流中必要的方式。

在酒桌上把生意谈成

中国是个酒文化深厚的国家,许多事情在平时办不成,但是如果放到酒桌上就轻而易举了。别看那些人似乎只喝酒不谈生意,但实际上只要让对方喝好了,生意也就谈成了,事情也就顺利办好了。所谓"酒到渠成",就是这么神奇的现象。迎宾送客,聚朋会友,彼此沟通,传递友情,酒作为一种交际媒介,发挥了其独到的作用。所以,探索一下酒桌上的"奥妙",有助于应酬的成功。

酒桌上人多嘴杂,加上酒助人兴,很容易就喝多了而导致失态。为了避免发生尴尬,也避免不恰当的行为引起对方的反感,酒桌上要特别注意以下事项。

第一,不要将酒桌变成个人的"新闻发布会",应尽量谈论一些大部分人能够参与的话题,得到多数人的认同。话题尽量不要太偏,避免天南海北、神侃无边,冷落了众人。避免出现跑题现象,而忽略了众人。

第二,切忌只与个别人说话,置大多数人于不理。不要与人贴耳小声私语,给别人一种神秘感,否则会产生"就你俩好"的忌妒心理,影响喝酒的效果。

第三,不要单纯只喝酒,那就失去了以酒来应酬的目的。赴宴之前先了解宴请的主题和宴请对象的基本情况,不要单纯地为了喝酒而喝酒,而失去交友的好机会,更不要让某些哗众取宠的酒徒搅乱东道主的意思。

第四,对自己的酒量心里有底,对别人的酒量作个估计。酒喝微醉,大家都兴致勃勃,这样才能提高兴奋度,增进感情,也就达到了以酒增进交情的目的。不然都喝得酩酊大醉,那就不用谈生意了。所以一定要对自己的酒量和别人的酒量心里有数。正确估价自己的实力,不要太冲动,保留一些酒量，注意说话的分寸，既不让别人小看自己又不要过分地暴露自己的酒量底线。喝酒时有人上脸，有人不上脸，上脸的未必不能喝，不上脸的未必就能喝。有人喝了酒脸红脖子粗，但是眼睛发亮有神，这样的人其实很能喝。三杯酒下肚，看看别人的反应，你也就能心中有数，别过多敬酒让人喝醉了。

第五，要想在酒桌上得到大家的赞赏，就必须学会察言观色。因为与人交际，就要了解人心，左右逢源，才能演好酒桌上的角色。记得多给领导或客户添酒，不要盲目给领导代酒，就是要代，也要在领导或客户确实想找人代，还要装作自己是因为想喝酒而不是为了给领导代酒而喝酒。比如领导不胜酒力，可以通过旁敲侧击把准备向领导敬酒的人拦下。

第六，即使喝酒是为了谈生意，也不要在席面上直接提出这么正式的话题。桌面上不谈生意，喝好了，生意也就差不多了，大家心里了然，不然人家也不会敞开了跟你喝酒。

生意人早已习惯在推杯换盏中吃出氛围，喝出交情，谈成生意，扩展人脉。生意场上，很多酒桌上的酒、菜都只是附属品，商务宴请在很大程度上都已经失去了原来的意义，变成了一种排场、一种面子、一种投资、一种手段。精于此道的人，不仅做成了生意，积累了财富，也搞好了关系，结识了朋友，一举两得，名利双收。

应酬学专家告诉你

喝酒是感情深浅的衡量。酒量也是一个人豪爽程度的衡量。如果你不能多喝酒，却敢于硬喝，你会得到某种报偿的。这样你就会获得别人的信任，认为你是一个实在的人，有了这样的印象，以后的合作就会比较顺利。如果在酒桌上表现得过于矜持、扭捏，不管是有酒量还是没酒量，都会遭到人的反感。

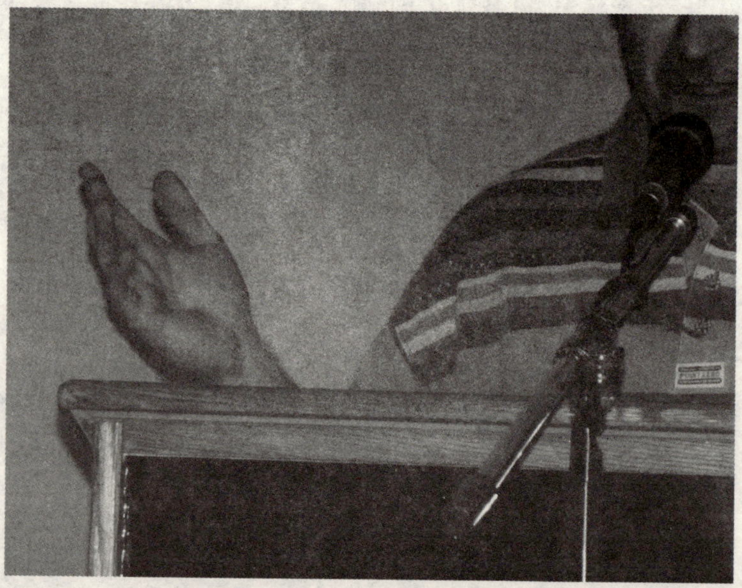

第三章
口吐莲花的语言技巧

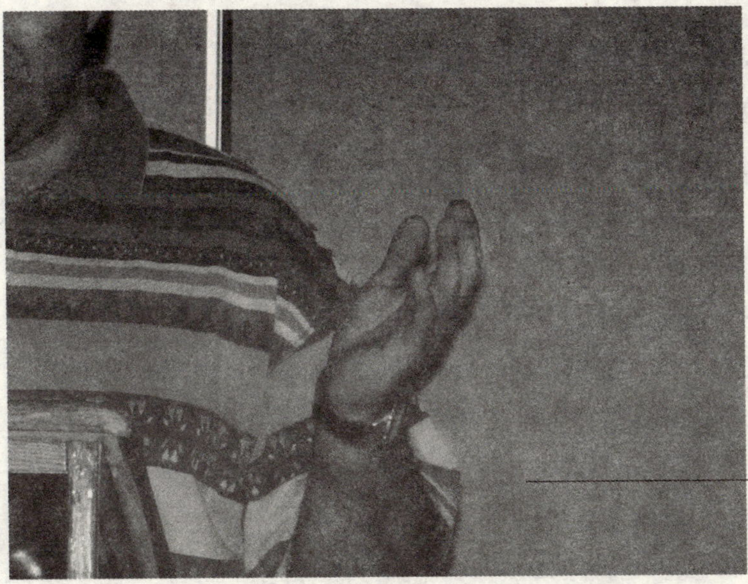

见什么人说什么话

美国一个文学教授曾经讲到他自己的一个真实经历。

在6岁那年，有一个星期六，我去姨妈家过周末。傍晚时分，来了一个中年男子，他先和姨妈嘻嘻哈哈聊了一阵，然后走近我和我说话。我当时正迷恋上小船，整天抱着小船爱不释手。我以为他只是随便和我聊几句，没想到他对我说的全都是有关小船的事。等他走了以后，我还念念不忘地和姨妈说："先生真了不起，他懂得很多关于小船的事，很少有人会那么喜欢小船。"

姨妈笑着告诉我，那位客人是纽约的一位律师，其实他对小船根本没有研究。

我不解地问："为什么他说的话都和小船有关呢？"

"那是因为他是一位有礼貌的绅士，他想和你做朋友，知道你喜欢小船，所以专门挑你喜欢的话题说。"姨妈说。

要和别人做朋友，就要根据对方的喜好、特点和身份来把握话题。其实，与人顺利地交谈，总结起来，只有两点：看人，看场合。

首先，看对方的性格和性别特征。如果对方性格外向，透明度高，你就可以随便一些，开开玩笑，他会很自然地接受；如果对方性格内向、敏感，你就可以讲一讲合适的笑话，让他开朗一些，最重要的是表现真诚，可以挖掘对方比较在意、隐藏在内心深处的话题，让对方觉得你是在真正地关心他。同样说人胖，男性会一笑置之，而女性则可能把脸拉下来，自尊心受到伤害，这就是性别带来的差异。所以，同样的话对男人和女人的作用是不一样的。说话时，我们就要注意到这种差异，对不同性别的人说不同的话。

其次，看对方的身份特征。如果你对普通的工人农民摆出知识分子的架子，满口之乎者也，肯定令对方满头雾水，更别说被人认同了。要是遇见文化修养较高的人，不能开口就一副江湖气，因为这样容易引起对方的反感，更无法获得交往的信任和好感。

再次，看对方的年龄特征。老年人喜欢别人说他年轻，而小孩就不喜欢大人总是说他太小；中年人喜欢别人说他事业有成，家庭美满，而年轻人就喜欢别人说他有闯劲、有活力。不同年龄层次的人喜欢不同的话题。

最后，看对方的心理需求。不同的人会有不同的心理需求。如果你懂得一点心理学，就很容易把话说到人的心窝里。

说话的场合同样很重要。全都是自己熟悉的朋友，那么说话就可以推心置腹，天南海北，无所不谈，甚至一些放肆的话说出来也无伤大雅。但是如果在场的都是交往不深的人，就要有意识地克制一下自己，不可肆意妄为，办事情也要公事公办，不要不分对象乱套近乎。如果在比较随便的场合，我们可以说诸如“我顺便来看看你”这样的话，可是如果在比较庄重的场合说“我顺便来看看你”，就显得不够认真。说话应该和场合中的气氛相协调，不能在喜庆的场合说些丧气话，也不能在悲痛的时候说什么喜庆的事，否则会让人心里别扭，甚至恼怒。

应酬学专家告诉你

话该说多还是说少，也是有讲究的。对方如果很忙，时间很紧张，说话就要简明扼要；如果不知趣，没眼色，自顾自地海阔天空地说，别人已经在频频看表了，你还意犹未尽，就让人尴尬了。所以，要根据不同的场合来控制自己说话时间的长短。

发言要看准时机

安陵君因为能说善道,很受楚王器重。但他遇事并不张口就说,而是很讲究说话的时机。他的一位名叫江乙的朋友对他说:“您没有一寸土地,又没有至亲骨肉,然而身居高位,享受优厚的俸禄,国人见了您,无不整衣跪拜,无不接受您的号令,为您效劳,这是为什么呢?”

安陵君说:“这是大王太抬举我了,不然哪能这样!”

哪知,江乙不无忧虑地指出:“用钱财相交的人,财尽则情绝;靠美色相交的人,色衰则情移。因此,狐媚的女子不等卧席磨破,就遭遗弃;得宠的臣子不等车子坐坏,已被驱逐。如今您掌握楚国大权,却没有办法和大王深交,我暗自替您着急,觉得您的处境太危险了。”

安陵君一听,恍然大悟。于是放下架子,毕恭毕敬地问江乙:“既然这样,请先生指点迷津。”

江乙说:“希望您一定要找个机会对大王说‘愿随大王一起死,以身为大王殉葬。’如果您这样说了,必能长久地保住权位。”

安陵君说:“谨依先生之言。”

但是,过了很长时间,安陵君依然没有对楚王提起这话。

江乙又去见安陵君,说:“我对您说的那些话,您为何至今不对楚王说?既然您不用我的计谋,我就再不管了。”

安陵君急忙回答:“我怎敢忘却先生的教诲,只是一时还没有合适的机会。”

又过了一段时间,机会终于来了。楚王到云梦泽打猎,射死了一头狂怒奔来的野牛。百官和护卫欢声雷动,齐声称赞。

楚王也高兴得仰天大笑,说:“痛快啊!今天的游猎,寡人何等快活!待寡人万岁千秋之后,你们谁能和我共有今天的快乐呢?”

此时,安陵君抓住机会,泪流满面地走上前来,说:“臣进宫就与大王同共一席,出宫与大王同乘一车,如果大王万岁千秋之后,我愿随大王奔赴黄泉,变为芦草为大王阻挡蝼蚁,那便是臣最大的荣幸。”

楚王闻言,大受感动,对他更加宠信了。

《淮南子·道应训》云:“事者,应变而动,变生于时,故知时者无常行。”把握说话时机非常重要,但这个过程需要充分的耐心,也需要积极进行准备。要等待条件成熟,但绝不是坐视不动。

所以,说话之前要仔细地思考,什么时候应该说哪句话,什么时候绝对不能说哪句话。会说话的人与人交谈时就像烹饪高手做菜一样,是非常讲究火候的。恰到好处时,一句话可能比平时说一千句还有用。

孔子在《论语·季氏》里说:“言未及之而言谓之躁,言及之而不言谓之隐,未见颜色而言谓之瞽。”这句话的意思是:不该说话的时候说了,叫做急躁;应该说话的时候却不说,叫做隐瞒;不看对方的脸色变化,贸然信口开河,叫做闭着眼睛瞎说。这三种毛病都是没有把握说话的时机,没有注意说话的策略和技巧。因为说话是双方的交流,不是一个人的单方面行为,它要受到诸如说话对象、设定时间、周边环境等种种限制,所以说话要把握时机。如果该说的时候不说,时机转瞬即逝,便失去了成功的机会。同样,如不顾说话对象的心态,不注意周边的环境气氛,不到说话的时机却急于抢着说,很可能引起对方的误解,甚至反感。如果信口开河,乱说一通,后果就更加严重。

应酬学专家告诉你

把握说话的时机非常重要,但还要有非常的耐力去等。在关键的时候一句动听的话,往往一言惊四座,胜过平时的千言万语。

说话要选好角度

古代有位女子，自幼兰心蕙质，成年婚配后其夫家虽然不十分富裕，但小夫妻倒也和睦恩爱。谁知天有不测风云，一年后年轻的丈夫竟忽染绝症，撒手归西，遗下了妙龄的娇妻。

青年守寡可想而知，况且家中的婆母早已经亡故，只有四十多岁的公公与日渐长大的小叔子，一个少妇，两个男丁。

少妇日夜操持家务，并不嫌劳累，但正值青春妙龄，夜夜独守空房，日子久了，就生出再嫁的念头来。

但是这个念头却非同小可，因为当地素以“民情淳厚、风俗清明”著称。族人们非常看重贞节操守，乡镇里还建有多座贞节牌坊，贸然提出改嫁的要求，必为夫家不容。

怎么办呢？聪明的少妇终于想出一条计策，并乘回娘家的机会请代笔人写了诉状藏好。

后来，外村的一位男子托媒人前来说合，少妇同意了。不过立即遭到夫家及族人的坚决反对，无奈，只好诉至公堂。

此时，少妇拿出早准备好的诉状，递进县衙。诉状上仅有十六个字：“夫亡妇少，翁壮叔大，瓜田李下，该不该嫁？”

这位县令看了状纸，沉吟良久，终于批准了再嫁的请求，并暗暗为这少妇的智慧所折服。

这位聪明的少妇并没有正面与节烈风俗开火，而是指出可能更加伤风败俗的危险境地，从而达到自己的目的。她深深明白当地的封建思想严重，如果自己与之对抗将会身败名裂。

俗话说："吃饭要看锅，说话看脸色。"这就是说，说话要察言观色，看对方喜欢听什么。否则，就会一言不慎遭来祸患。有时，即使所做的事是一样的，只因说话的角度不同，就会招来两种截然不同的待遇。因为，一样的意思有不同的说法，而不同的说法在别人听来会产生不同的感觉。所以在说话的时候要想清楚自己的话要达到什么效果，再选择适合的语句来表达。

明代开国皇帝朱元璋少年放过牛，讨过饭，做过和尚，结交了一帮穷朋友。做了皇帝后，他很怀念过去的穷朋友，总想找机会与他们谈谈心、叙叙旧。有一天，一个人从乡下赶来，一直跑到皇宫门外，在他的哀求下，传话官进去启奏说："有旧友求见。"朱元璋吩咐传进来，那人见面后即下拜说："见过我主万岁！当年微臣随驾扫荡庐州府，打破罐州城。汤元帅在逃，拿住豆将军，红孩子当兵，多亏蔡将军救驾，微臣如今想起仍是感慨不已啊！"朱元璋听他说得动听，回想当年大有饥寒交迫、有乐共享、有难同当的情景，心情也是感慨万千，立即封他为御林军总管。

另一位穷朋友也进宫面见皇上，一进宫就指手画脚地说："我主万岁！还记得吗？从前你我都替人家放牛。有一天，我们在芦花荡里，把偷来的豆子放在瓦罐里煮。还没等煮熟，大家就抢着吃，把罐子都打破了，撒下一地的豆子，汤都洒在泥地里，你只顾顺手从地下抓豆子吃，却不小心连草叶子也送进嘴里，卡住喉咙。还是我出的主意，叫你用青菜叶子放在手上一起吞下，才把草叶顺进肚子里去的呀！"朱元璋又气又恼，哭笑不得，为顾全风度，他喝令左右："哪来的疯子，给我轰出去。"

可怜这位皇帝的穷朋友，因一味讲实话，既不掩饰自己，又不赞美别人，结果落得如此的下场。

应酬学专家告诉你

我们说话时要先想想对方希望你说什么，权衡一下利弊得失再说不迟，否则，就得不偿失。所以，即使同样的事情也有不同说法，要选择最恰当的方式和角度来表达。

不要信口雌黄

马西尔斯是古罗马时代一名战功赫赫的英雄，他以“战神科里奥拉努斯”的美名而著称于世。公元前454年，马西尔斯打算角逐最高层的执政官以拓展自己的名望，进入政界。

若要竞逐这个职位的候选人，就必须在选举初期发表演说。于是，马西尔斯便以自己十多年来为罗马战争留下来的无数伤疤，作为开场白。那些伤疤证明了他的勇敢和爱国情操，人们深为感动，几乎每个人都认为他会当选。

但是，就在投票日来临的前夕，马西尔斯在所有元老和贵族的陪同下走进了会议厅。当马西尔斯再次发言时，其内容绝大部分是说给那些陪他前来的富人听的。

他不但傲慢地宣称自己注定会当选，而且大肆吹嘘自己的战功，甚至还无理地指责对手，说了一些讨好贵族的无聊笑话等。这样，他的第二次演说迅速传遍了罗马，选民们纷纷改变了投票意向。

马西尔斯的下场真是可悲，但这一切都是他咎由自取。从心理学的角度说，这是犯了众怒，也犯了言多必失、祸从口出的交往规则。

倘若他不那么多言，不那么出言不逊，也就不会冒犯老百姓，就不会落得如此下场。如果他在落选后仍能注意保护自我强大的光环，依然还有机会被推举为执政官。可惜他无法控制自己的言论，中伤了大众心理，最后只能自食其果。

所以，我们要记住这样一个原则：在任何场合，我们要尽量少说话，缄默是值得提倡的。如果非说不可，那么，我们要注意所说的内容、意义、措词、声调和姿势，以及在什么场合应该说什么话，怎么说才得体。在不知内情、不太了解或没有意义的情况下，就不要胡说八道。

美国的艺术家安迪渥荷曾经告诉他的朋友说："我学会闭上嘴巴后，获得了更多的威望和影响力。"大凡那些大智若愚，有学问的人一般都不会乱讲话。只有那些胸无点墨又爱慕虚荣的人才喜欢信口开河。

"宁可把嘴巴闭起来，使人怀疑你是浅薄的，也不要一开口就让人证实你的浅薄。"这是一句值得大家牢记的名言。所以在研究说话艺术时，首先要学会"少说话"。

世界上没有十全十美的人，因此，我们绝不可随便说人长、道人短，揭露别人的隐私。首先要明白，别人的事我们知道的不一定可靠，也许还有我们不知道的隐衷。我们若浅薄地将自己知道的片面现象贸然宣扬出去，难免会颠倒是非，混淆黑白。等到真相大白之时，已经是覆水难收了。

生活中有那么一种人，喜欢兴风作浪，把别人的是非编得有声有色，夸大其词，逢人就说，世间不知有多少悲剧由此而生。所以，当有人向我们说某某的短处时，唯一的办法是听了就忘，谨缄君子之口，不要做传声筒，不要轻信这些片面之词。

谈论别人，不可因片面的观察在背后批评，说坏人的好处，旁人最多以为其人无知。把好人说坏了，那就有损道德了。

"金人三缄其口"，意思就是告诉大家说话要谨慎。可是，让人缄口不言，事实上是做不到的，所以我们说话的时候，唯有留心谨慎而已。为了受到人们的重视，引起众人的兴趣，唯一的秘诀就是少说话，有时间静静思考，而让那些精彩的话语惊四座。

应酬学专家告诉你

如果说话不当心，就会招人之忌。因此，人人都要警惕，要知道"祸从口出"的道理。在生活中，我们尽量要"少说"，而绝非完全不说。因为，说得又少又好，这才是绝妙口才的艺术。只有完全把握听众心理，才能控制好自己的嘴。

得罪人的话说不得

有这样一个大家都熟知的笑话：张三请了甲、乙、丙、丁四位朋友来吃饭。乙、丙、丁三人如约而至，只有甲迟迟未到。

张三一边看着表，一边自言自语地说："该来的怎么还不来？"

谁知，乙听了很不高兴地问："那么，我是不该来的啦？"说完就气呼呼地走了。

这时，张三连连叹气说："哎，不该走的又走了！"

岂料，丙觉得张三弦外有音，暗想，既然乙不该走，那么是我该走了？于是乎，他也气呼呼地告辞而去。

这下，张三更着急了："唉，这人真是的，我又不是说他！"

但他哪里想到，坐在一边的丁再也忍不住了，暗想："既然不是说他们俩，那么只能是说我了。"他越想越气，也立刻走了。

丙刚走，甲就来了。张三不由得连连唉声叹气："唉，真是气死我了。这些不该走的人都走了。"

刚刚坐下的甲听了暗想，哦？原来是自己该走，或许是自己就不该来。于是，他一句话也没说就走了。

结果邀请的四位客人，一位也没留下，只有不知所措、瞠目结舌的张三还不知道咋回事。

从心理学的角度来说，文中出现如此结局是张三与其朋友们在心理上都产生了障碍，究其原因，就是张三采取的沟通方式不当。

在平常的交往中，与人谈话往往是很愉快的事，大家都想借此增强彼此的友情。但也有自己说的话被别人误解的时候，如果稍不注意，就会适得其反。就像文中的张三，不能洞悉朋友的心思，说了一些不该说的话。从心理学的角度来说，这就是误会心理。

日常交谈的话语，有不少词语在不同的条件下使用，往往产生不同的含义，有的甚至完全相反。这时，它就给我们带来不少麻烦，正如上文中张三说的那些话，用意明明出于友情，但效果却适得其反，结果得罪了所有的朋友。

所以，我们在为人处世中，说话的言词一定要慎重处理，切勿鲁莽行事。力求自己说的每一句话都明确具体、措辞得当，千万不要模棱两可，不要用那种话中有话的句子，以免引起误解而费了力气还得罪人。

小林是公司的业务员，他尽心尽力，工作业绩还很不错，只是有点不善言辞。一天，他到一家客户那儿接洽生意，回到公司已经下午六点了，公司里只有一位女职员还在工作。

小林心里想：她这么认真，也应该休息一下了。但是说出来的时候却变成："喂，你怎么还待在公司？"

结果对方一听，满脸的不高兴，愤然地说："哼，我现在就回去！"

怎么回事？自己本来是存心想安慰她，却反而惹她生气。这样下去，不但被她误会，也会影响到以后的工作。这可如何是好？小林有些茫然。

但他哪里知道，问题出在他的一句"你怎么还待在公司"这句话上。这句话听在对方的耳中，好像是说"怎么不快点回去？"何况又加上"喂"这样的语气词，难怪对方会有那样的反应。在日常交往中，如果你不小心说了这些类似的话，就应该毫不迟疑地表示道歉。这样，在大多数情况下，对方听后心情都会转好，接着再交谈几句就没事了。

应酬学专家告诉你

一句亲切的问候就可增进彼此的友谊与感情，一句出言不当的生冷话就会得罪亲友或他人。因此，在日常生活中，特别是为人处世上，我们一定要注意自己的言辞，切莫让对方的"误会心理"跳出来，否则就麻烦了。

口误要及时纠正

一次，美国总统里根访问巴西，由于旅途疲乏，再加上年岁已大，在欢迎宴会上，他脱口说道："女士们，先生们！今天，我为能访问玻利维亚而感到非常高兴。"有人低声提醒他说错了，里根忙改口道："很抱歉，我们不久前访问过玻利维亚。"

其实他没有去访问玻利维亚，当那些不明就里的人还来不及反应时，这个口误就已经被淹没在他后来的长篇大论之中了。这种将说错的地点、时间加以掩饰的方法，在一定程度上避免了当面丢丑，不失为补救的有效手段。只是，这里需要的是发现及时、改口巧妙的语言技巧，否则要想化解难堪也是困难的。

俗话说"人有失手，马有失蹄"。在人们的交际应酬过程中，任何人都有可能发生言语失误。虽然只是一句话，但它造成的后果或是贻笑大方，或是纠纷四起，有时甚至不堪收拾。

会说话的人在发生口误以后都会采取一定的补救措施或者矫正之术，来避免言语失误带来的难堪局面。但是摆脱口误的关键是一定要及时改口，承认自己说错了话，要把错误的话"吃"下去，如果在失言的时候仍然死守自己的城堡，恐怕后果会很严重。在现实生活中，不乏坚持错误而把自己拖入麻烦之中的例子。

同样是一位美国总统，1976 年 10 月 6 日，美国在任总统福特和竞争者卡特为总统选举而举办的第二次辩论会上，福特对《纽约日报》记者马克斯·佛朗肯关于波兰问题的质问，做了"波兰并未受苏联控制"的回答，并说"苏联强权控制东欧的事实并不存在"。这是明显的失误，当时立即遭到记者反驳。但反驳之初佛朗肯的语气还比较委婉,意图给福特以订正的机会。他说:“问这件事的时候我觉得不好意思,但是您的意思难道在肯定苏联没有把东欧划为其附庸国?也就是说,苏联没有凭军事力量压制东欧各国吗?”

如果福特当时明智,就应该承认自己失言并偃旗息鼓,然而他觉得身为一国总统,面对着全国的电视观众认输绝非善策,于是继续坚持,一错再错,结果为那次即将到手的选举付出了沉重的代价。刊登这次电视辩论会的所有专栏、社论都纷纷对福特的失策做了报道,他们惊问:他是真正的傻瓜呢?还是像只驴子一样顽固不化?卡特也乘机把这个问题再三提出,闹得天翻地覆。

高明的人在被对方击中要害时决不强词夺理,他们或点头微笑,或轻轻鼓掌。如此一来,观众或听众弄不清葫芦里藏的什么药。有的人会认为这是他们服从真理的良好风范,有的人又会认为这是他们不谓辩解的豁达胸怀,而究竟他们认输与否尚是个未知的谜。这样的辩论家即使要说也能说得很巧,他们会向对方笑道:“你讲得好极了!”

不过承认口误总是会给人带来遗憾,更高明的解决之道是当意识到自己讲了错话时,干脆将错就错,借题发挥,巧妙地改变错话的含义,将明显的错误变成正确的说法。

应酬学专家告诉你

口误之后,要迅速将错误言辞避开,以免在错中纠缠。比如接着那句话之后说:“然而正确说法应是……”或者说:“我刚才那句话还应做如下补充……”这样就可以把口误抹掉。

讲话要顾及他人感情

本杰明·富兰克林还是个毛躁的年轻人时，一位教友会的老朋友把他叫到一旁，尖刻地训斥了他一顿：

“本杰明，你真是无可救药。你已经打击了每一位与你意见不同的人。你的意见变得太珍贵了，弄得没有人承受得起。你的朋友发觉，如果你不在场，他们会自在得多。你知道的太多了，没有人能再教你什么。没有人打算告诉你些什么，因为那样会吃力不讨好，又弄得不愉快。因此你不可能再吸收新知识了，但你的旧知识又很有限。”

这话使富兰克林感到震惊，他接受了这位老朋友的建议，他开始下定决心要改掉傲慢、粗野、争胜好强的习性，极力培养自己谦恭、自我克制的性情。

富兰克林可算是最成功的人士之一，他的看法理应引起我们的重视，他的勇于改变的态度也值得我们每个人学习。

不少研究语言和沟通技巧的专家认为：“你怎么说比你说什么更重要。”而说话语气就是怎么说的一个重要方面。你说话的时候不仅传达了你的字面意思，还传达了你的情感，而说话语气就是我们的情感与个性的反应。你用不同语气而说相同的话，所能起到的效果则完全不同。所以，你要控制自己的说话语气，使其所传达的句子能达到你所要讲的目的。在不同的场合、对不同的听众、就不同的主题，你的说话语气也应该是不同的。譬如邀请你在一个授奖大会上发言，那么你应该是热烈而情绪高昂的；如果上司要求你对一个问题做出解释，那么你应该是诚恳而富有见解的；如果一所商业学校要求你出席他们的开学典礼，而你是一位成功的商人，你不妨“教导”一下下面的学生。总之，要学会控制自己说话的语气，听一听自己的发音方式，这样自己说的话可能就更有说服力。

语言的艺术包括互相关联的两个方面：自我表达方式与谈话的内容。对一个出色掌握语言艺术的人来说，仅仅学会完美地表达自己的思想、意思还是不够的。更重要的是，他还需要学会与别人交流，并且要通过这种交流来表达自己的目的——这种目的可能是希望对方与你合作，也可能是希望对方对你目前的处境表示理解与同情，还可能是要对方同意你的看法，也可能是希望对方提升你的职位。但无论这些目的能否达到，你都要注意一些更为一般的原则。

在谈话过程中要尊重别人——从他的人格到判断力与智慧，不要引起对方的不快，哪怕是轻微的不满，更不用说怨恨了。无论这次谈话的目的是否达到，都要给对方留下好的印象，以利于下一次合作，不要因为一时的分歧而伤害长期的友谊与合作。

一个人的魅力很大程度是通过语言体现出来的，我们知道语言是最主要的人际沟通工具，而且语言本身也是人们个性的表现。柔声细语会让人感受到春天般的温馨和舒适，能赢得大家的认同和好感；而粗声恶言只能让人感受到冬天般的冷酷和无情，使人讨厌或恶心。

在我们与人谈话时，首先想到的应该是他人的感情。即别人在听了我们说出的话之后的反应，也就是他心理上的承受力。如果我们不管他人的感受而一味地说下去，就可能会伤害他人的感情与自尊心，引起谈话的不愉快或恶化成意想不到的后果。因此，我们说话时不但要注意语气，更要顾及他人的感情。能恰到好处地应用语言是我们成功的关键。

应酬学专家告诉你

俗话说：良言一句三冬暖，恶语伤人六月寒。一句柔声细语的问候，就如春风一样让人感到温馨；而一句粗气恶声的大吼就会给人一种寒流突袭般的冰冷打击，因此掌握好说话的语气与言辞的分寸是何等关键。

说话时要面带微笑

在美国，有一位在证券交易所上班的先生，名叫康斯瑞特，他给人的感觉总是深沉而严肃，一天到晚人们很难在他脸上发现一丝笑容。他在这家单位工作了好多年，但不管是新同事还是老同事却没有一人能与他谈得来的，他也没有自己的亲密朋友，他觉得自己孤独而无聊，而别人则觉得他是个怪人。

一天早晨，他照例洗脸、梳头，开始做上班前的准备。突然，他从镜子里看到自己那张绷得紧紧的脸孔，深沉得像古老的木乃伊，他吓了一跳，心中开始不安。他想，这张如此古板的面孔谁看了愿意接近呢？他决心改变这种现状，于是他就向自己说：亲爱的，从今天起你必须要把自己这张深沉得像雷公爷似的脸孔放松，换成一张充满微笑的面孔，从这一刻就要开始。

于是康斯瑞特愉快地吃过早饭，便兴冲冲地去上班。走出家门，到了电梯门口，他微笑着对电梯员说："早上好！"走到公司大门口时他又微笑着对年轻的门卫说："你早，小伙子。"这样直到走进自己的办公室，他已经与好几个人热情地打过招呼。

这样，以后的每一天，他都是热情地对待同事们，同事们也都在诧异好奇中慢慢地接受并喜欢上了他。

培根有句名言："含蓄的微笑，往往比口若悬河更为可贵。"而中国也有句格言说："非笑莫开店。"可以说这几个字是人们明于世故，练达人情的智慧。假如一个店家或他的服务人员不会微笑，见到顾客面无表情或冷若冰霜，试想他能生意兴隆、贵客盈门吗？

微笑是人人都喜欢看到的表情，可以说没有谁看到一张微笑的脸会心生厌恶的。微笑就是人们的面部略带笑容，这是一种不出声的笑，它代表着友善、真诚与美好，有着极其丰富的内涵。

微笑是善意的标志，友好的使者，也是通向成功的桥梁。它可以柔克刚、以静制动，起到了沟通情感、融洽气氛、缓解矛盾、冰释前嫌等作用，更为成功地谈话打下良好的基础。难怪美国一家大商店的经理说，他宁肯雇用一个小学还未毕业的女职工——如果她随时展露出可爱的微笑，而不愿雇用一位面孔冷漠的哲学博士。这话虽说得有些极端，然而却道出了微笑魅力的奥妙无穷。

人都是喜爱微笑的动物，真诚的微笑可以缩短人与人之间的距离。试想，一位陌生人对我们微笑，我们是否感觉到有一种类似于亲和力的东西在推着我们与他靠近。假如我们看到的是一张漠然无表情的脸，虽然他说着我们爱听的话，试想，我们有兴趣跟他继续交谈，还是会对他敬而远之呢？

微笑必须是真诚而友善的。它是我们发自内心的表现，对于一个心地不诚实的人来说，是不可能表现真诚的微笑的。微笑的表情之所以令人愉快，之所以动人，之所以到处受欢迎，最主要的原因并不在于其表情在外观上给人以美感，而在于这种表情所传递、表达的可喜的信息和美好的温情，能引起人们心灵的共鸣。

应酬学专家告诉你

微笑的表情是人们最乐意接受的。在生活中，人们脸上的微笑，就是向人表示：我喜欢你，我非常高兴见到你。如果我们希望别人用一副高兴、欢愉的神情来对待自己，那么我们必须先要用这样的神情去对待别人。

如何敲开他人的心扉

哈德弗先生是纽约一家面包公司的经理，他一直很想将公司的面包卖给纽约的一家旅馆。这两年来，他每星期去拜访一次那家旅馆的经理，参加经理所举行的交际活动，甚至在旅馆中开了房间住在那里，以期达到目的。但他还是失败了。

“后来，”哈德弗先生说，“在研究人际关系学之后，我决定改变自己的做法。我先要找出这个人最感兴趣的是什么——什么事情能引起他的热心。我后来了解到，他是美国旅馆招待员协会的会员，而且热心于成为协会的会长，甚至还想成为国际招待员协会的会长。不论在什么地方举行大会，他即使飞过山岭，越过沙漠、大海，也要到会。

“所以，在第二天我见他的时候，我就开始谈论招待员协会的事。我得到的是一种多么好的反应啊！他对我讲了半小时招待员协会的事，他的声调充满热情。我可以清楚地看出，那确实是他很感兴趣的业余爱好。在我离开他的办公室前，他劝我也加入招待员协会。

“这次谈话，我根本没有提到任何有关面包的事情。但几天以后，他旅馆中的一位负责人给我打来电话，要我带着货样及价目单去。‘我不知道你对那位老先生做了些什么事，’这位负责人招呼我说，‘但他真的被你搔到痒处了！’

“想一想！我紧追了那个人两年——尽力想得到他的买卖——如果我不去费点事找出他所感兴趣的东西，恐怕我还得紧追不舍。”

我们知道人与人的性格不同，爱好不同。有的时候，我们很热情地与人交谈，对方却持一种戒备心理。碰到这种情况时，我们只有设法消除对方的戒备心理,交谈才能顺利进行。然而,要达到消除对方戒备心理的目的,我们的谈话方式就一定要做到使对方容易接受才行。

有的时候,当我们急不可待地想要探得对方的心声,对方反倒会采取生硬的态度加以防患。这时,我们倒不如通过点头、随声附和或微笑倾听等方式,使对方觉得我们完全接受了他的话。这样一来,他心里又有点过意不去了,觉得我们没必要完全依附他的意愿,渐渐地,他也就愿意听从我们的劝告了。

不过,有时候事情还不是如此简单。有些人,任他人如何附和,对方依旧守口如瓶。这时,我们只有毫不犹豫地从对方身上打开缺口,才有可能收到意外的效果。如饰物、领带、容貌等体现对方个性和喜好的物品,往往是寻找话题的好引子,比较容易引得对方与你交谈。若想打破沉默,我们还可从对方无意中做出的动作为话题,运用得当,往往可以打破僵局。譬如对方是位女性,端杯时翘起小指,就可以说:"哟,我猜想你肯定学过舞蹈,端杯都用兰花指,真好看。"我们把她无意识的小动作观察得这么仔细,她就会认为你很关心她。于是,戒备心理也就自然地慢慢消失了。

对于那些硬是不愿开口的顽固派,我们就要主动地想些办法,引起他的好奇心,使他开口说话。

因此,若想对方向我们说出真心话,首先肯定要诱导他解除心理武装。解除心理武装的方式很多,在对方说话时适当加以附和也是其中的一种。这种方式能够顺应对方的语气进行对话,使对方不好意思再拒绝,并且轻松地与你交谈。

应酬学专家告诉你

促使对方敞开心扉的具体方法是:聆听对方话语时,稍微向前移动身躯,以示对他十分关心的样子;对方说话时,不时点头,做出表示赞同的神情;同时,我们要始终保持面带微笑,给他一种亲切的感觉。

以子之矛，攻子之盾

有一天，古希腊的文学家欧伦斯庇格去饭店用餐，店主的牛肉没有烤好，可是他很饿了，店主建议说："谁要是等不及正餐，就可以随便先吃点现成的东西。"于是，他就吃了不少干面包。吃饱之后，他坐到烤肉炉边，等到肉烤熟后，店主请他上桌就餐，他随意回答说："烤肉的时候，我闻味儿都闻饱了。"说完之后就躺在炉边打起盹来。最后，当店主来收烤肉钱时，欧伦斯庇格因没吃烤肉，而拒绝付钱。

店主说："掏钱吧！你不是说闻肉味儿都闻饱了吗？所以你应与吃肉的人付一样多的钱。"

于是，他掏出一枚银币扔到长凳上，对店主说："你听到钱的声音了吗？"

店主说："听到了。"

欧伦斯庇格马上拾起银币，重又放回了钱袋："我的银币的声音正好够付我闻了你的烤肉味儿的钱了。"

店主将"吃肉"的概念偷换成"闻肉"，这种混淆是非的诡计被聪明的文学家看穿了，他即"以其人之道，还治其人之身"，以"钱声"付"肉味"的钱，自然顺理成章，店主也无可奈何。

在谈话中，总有人会有一些错误的思想、观点，但是不能，也没有必要直接指出对方的逻辑错误，因为如果都这样就会影响人际关系。但是遭遇诡辩的时候，如果能及时抓住对方在概念、判断、推理中的某些悖论，将逻辑与机智融为一体，借用原话，指出其不能自圆其说的逻辑矛盾，对方的论点就不攻自破了。这就是"以子之矛，攻子之盾"之术。

美国总统罗斯福也是一位擅长以子之矛，攻子之盾的高手。据说有一天，一位朋友向他打听海军在加勒比海一个小岛上建立潜艇基地的计划。罗斯福不便直接回绝，于是，煞有介事地向四周环视一圈，然后，神秘而小声地问："你能保密吗？"

朋友回答："当然能。"

这时，罗斯福微笑着说："那么，我也能。"

那位朋友先是一愣，接着很快领悟了罗斯福的言外之意，尴尬地一笑，不再追问了。

言语论辩中还可以用对方的荒谬逻辑推出更为荒谬的事物来反驳对方，"以谬制谬、以毒攻毒"，令对方哑口无言。对方搬石头砸自己的脚，观点不攻而破。

应酬学专家告诉你

洞察对方的荒谬论点，看其论点是否真实，其论据是否能支持论点，推理过程是否符合逻辑。如果结论是否定的，就可以把对方的荒谬论点夸大，使其暴露得更为明显，以达到反驳的目的。

三分幽默留余地

在清朝石天成编的《笑得好》一书中有一个很有参考价值的故事《锯酒杯》，故事的内容是：

有一人去赴宴，主人斟酒相待，但每次只斟半杯。

此人心中不满，但又不好明说。于是，他忽然问主人："尊府有锯子吗？请借我一用。"

主人心中诧异，就问何用。

此人指着酒杯说："此杯上半截既然盛不得酒，要它何用？锯去岂不更好！"

此建议耸人听闻，很明显不可实现。但能将心中的不满以玩笑的形式表达出来，使彼此心领神会，这比单纯的批评更能使对方接受，其心理"阻抗"也要小得多，人际摩擦亦小得多。

在人际交往中，我们要避免有意或无意地刺伤别人，以避免咎由自取，遭到反讥。这在使用讽刺时尤其重要，要做到利而不伤，就要学会在讽刺中运用幽默，用同情、关怀抚慰别人。

当我们对某件事情的看法和朋友或同事不相同时，在心理上有三种选择：同意彼此求同存异；修正你的看法，与对方协调一致；从此不再和他讲话。

但只要我们稍加运用一点幽默力量，就能删除最后一项，而在前两者中任择其一。

此外，幽默力量还能保护自己，因为它使我们免于和他人敌对。可以用更有效的方式，把平常不便对某些人讲出来的话，适当地表达出来。

幽默力量可以避免战火爆发，卸除心头重担。讽刺的效果在于使他人能倾听你说话，记住你所说的，并且也能使谈话顺利进行，抓住听者的注意力，便于意见的表达。

人们皆有自尊心理。为人处世要处处顾及他人的“面子”，因为某些原因，有些话不可照实全说，比如高压政治环境下、碍于面子或者为了保护机密等原因。这时候，最好的办法就是迂回委婉地表达自己的意思，俗称“绕着弯子说”。

这种办法一方面能够免去不必要的争执和尴尬，另一方面对于保密和自保也都有一定好处。一般来说，缺乏幽默感的人大多不会绕弯子。幽默与直截了当是互不相容的。要想让自己养成幽默感，就要学会迂回曲折的表达方式。

幽默地表达与一本正经地表达不同，幽默地表达不但是曲折的、间接的，也可以是带着很大的假定性的。把自己的意见稍作转换，使它变得耐人寻味，通过歪曲的形式来使对方领悟自己的真正意图。

应酬学专家告诉你

人都有受尊重的需要，这种需要在马斯洛的“需要层次论”中处于非常重要的“中间位置”，只有满足对方的这种需要，才会得到对方的认可。当我们谈到一些较为敏感的话题时，首先要想到他人的“颜面问题”。若能运用三分幽默，以诙谐有趣的言辞表达出自己的意思，定能取得很好的效果。

装聋作哑，息事宁人

1945年7月，苏、美、英三大国首脑在波茨坦会议的一次休息期间，美国总统杜鲁门私下对斯大林透露：美国已研制出一种威力极大的炸弹。其实这也就是向斯大林暗示美国已拥有原子弹。这时，丘吉尔也两眼死盯着斯大林的面孔，观察反应。但是斯大林好像什么都没听见，没有显露出丝毫异常的表情。其实，他听得很清楚，当然也听出了杜鲁门的弦外之音，内心焦灼不安。会后，他告诉莫洛托夫："加快我们的研制进度。"一个人面临这种窘境，只能装聋作哑，暗中使劲。这件事也给丘吉尔以启发。

1953年6月，年已79岁的丘吉尔参加百慕大的英、美、法三国首脑会议。他为了回避某些难题，就借口年事已高，装作没听见，不予回答。而在他感兴趣的问题上，就与美、法两方讨价还价，一点儿也不聋了。他这种时而聋哑、时而正常的做法使与会者颇感头痛。美国总统艾森豪威尔曾幽默地说："真没办法，装聋作哑成为这位大演说家的新式防卫武器了。"

人们在办事、演讲、记者招待会等场合经常会遇到一些让人尴尬或是难以回答的问题，这时装聋作哑，假装没有听见，不失为一个好的策略。对方提出问题佯装没有听见，当然就不用回答了。否则就会落入对方设计的圈套，更加被动。

但是如果是长辈或者地位比较高的人向你提要求，就不能装聋作哑，否则一定会被人认为是不尊重人。或者在某些外交场合，提问者再三追问的时候也不好总是装聋作哑，这样会让人们认为你心里有鬼，不敢说实话。这时用"无可奉告"这样的外交辞令也是不礼貌的。此时，不妨"偷换概念"，故意曲解对方的原意，尤其是有时候提问者并没有直接就某问题提问，而是采用了迂回战术，这时候装作没理解对方的问题，提问者也无话可说。这就叫"移花接木"、"李代桃僵"。其实这也是在"装聋作哑"，很多耳背的老人不是经常"打岔"嘛。

在一次记者招待会上，外国记者别有用心地问王蒙："请问，50 年代的你与 80 年代的你有何相同与不同？"

这位记者的用意在这里是路人皆知的，是想借机让他谈一谈对中国国内形势改变的感受。王蒙当然也清楚，他不慌不忙地抬起头，从容不迫地回答道："50 年代的我叫王蒙，80 年代的我也叫王蒙，这是相同之处；不同的是，那时我 20 来岁，而现在我则有 50 多岁了。"

记者的提问只给出了年代限定的范围，王蒙虽然知道对方的用意，但是却故意曲解其本意，只从自己年龄变化的角度作答。但实际上没有真正给对方任何有用信息。

交际会话可以如此，演说的时候同样也可以如此。

英国首相威尔逊曾经在发表竞选演说时，忽然有个故意捣乱的人高叫起来："狗屎！垃圾！"面对这突如其来的干扰，为了顾全大局，保证演说成功，威尔逊镇静地报以一笑，用安抚的口气说："这位先生，我马上就要谈到您提出的脏乱问题了。"这样，威尔逊佯作不解捣乱的本意，以顺水推舟的手法，"安全"渡过了"险滩"，使演说得以顺利地进行。

应酬学专家告诉你

学会装聋作哑，一则避敌锋芒，二则以有礼对无礼，在心理上争取主动。这是绵里藏针、以守为攻的好方法。

好口才还要善聆听

年仅十四岁的西汉昭帝刚即位不久，燕王刘旦便意欲谋反。

这时的左将军上官桀，因妒忌司马大将军霍光，就和刘旦暗中勾结。奸诈地使人以燕王的名义给汉昭帝拟写了奏折，说："霍光出外检阅郎官及羽林军时，那些见习的羽林军官在路上用对待天子的礼仪规模，戒严清道来迎接他；霍光还擅自增选大将军府的校尉，独揽大权，为所欲为，我怀疑他有谋反之心，务必要及早除之。"

不仅如此，上官桀又趁着霍光休假的机会，上奏给汉昭帝。但汉昭帝接奏折后，压下没有往下批复。

而霍光听说这件事后，心有不安，第二天上朝时就停留在朝房中，不敢贸然上殿。这时，汉昭帝问道："大将军在哪里？"

上官桀就趁机说："陛下，因为燕王揭发了他的罪行，他心怀鬼胎，因此不敢上殿。"于是，汉昭帝就下令让霍光进来，霍光不得已走了进来，便摘下了自己的官帽，顿首谢罪。

汉昭帝说："大将军把帽子戴上，朕知道这封奏折内容有假，将军并没有罪。"

霍光心中大喜问道："陛下是怎么知道的？"

汉昭帝说："将军选调校尉，还不到十天，而燕王离京城很远，怎么会知道呢？"

汉昭帝虽然年幼，却能听话听音，冷静地分析出说话人的意图。他知道霍光大将军一向忠心耿耿，是不会叛乱的，况且诬陷他的时间与实际的事情也不相吻合。

善于倾听，才是有效沟通过程中最强有力的一环。可是，事实上却很难找到善于倾听的人。如果我们能遇到一个真正能听我们说话的人，而且能告诉我们说的是什么，那就是难得的经历了。

那些善于听别人说话的人，能给对方反馈，说话的人会有亲切与惺惺相惜之感。如果说话的人知道，我们的确在听他说话，他就会更投入、更热忱、更愿意回报了。

我们在平时一旦学到了怎样以有条理的方式听别人说话，就会觉得，听别人说话容易多了，也有趣多了。听得越多，听得越清楚，就越能懂得别人所说的，而且了解得越深入、越清晰，同时对自己也更能深入了解。也能为别人效劳，同时对自己也有益，自然觉得很愉快。

不过，我们必须心甘情愿地倾听别人说话，然后才能够办得到。首先，要愿意自我投入，有条有理地听别人说话，就能明白其话里的含义，就能正确地做出自己的决定。在平时，我们若想有条理地听别人说话，必须要投入，因为这不只是让声波进入耳朵就可以了。也就是说，在谈话过程中，要保持灵敏主动，克服不良的听讲习惯。

譬如我们只想听自己希望听到的，或者是常常分心，这些行为都会打扰别人说话。另外，听别人说话的时候，不是从你自己的观点来听，而是要主动地听，并接受对方所说的内容是什么，这就是我们的理论基础。倾听别人说话，就如愿意尝试新的事情一样。要有愿意重新调整聆听的习惯，以获得最大的效果。愿意对别人表示真正的兴趣，希望更成功地和别人相处，就会面临愉快的经历，而且绝不会后悔。

应酬学专家告诉你

善于倾听，能帮助我们了解各色各样的人的心理活动，从他的言行就可以得知其是什么样的人。一般人听别人说完话之后，只能记得30%，过了一个星期，只记得10%。但学习以有条理的方式倾听——知道自己为什么要听——然后就能掌握住倾听的秘诀，更能够增加理解力，超越那30%的限制。

第四章
方中有圆的宴请文化

应酬就是请客吃饭

宋太祖赵匡胤即位后不出半年，就有两个节度使起兵反叛宋朝。平定了叛乱后，赵匡胤觉得武将们拥兵自重，对政权不利，就决定解除他们的兵权。于是他在宫里举行宴会，请石守信、王审琦等几位老将喝酒。酒过三巡，赵匡胤对将领们说："我要不是有你们帮助，也不会有现在这个地位。但是你们不知道，做皇帝也有很大难处。不瞒各位，这一年来我就没有一夜睡过安稳觉。"

石守信等人听了十分惊奇，连忙问这是什么缘故。

赵匡胤说："这还不明白？皇帝这个位子，谁不眼红呀？"

大家着了慌，跪在地上说："陛下为什么说这样的话?现在天下已经安定了，谁还敢对陛下三心二意？"

赵匡胤摇摇头说："对你们几位我还信不过？只怕你们的部下将士当中，有人贪图富贵，把黄袍披在你们身上。你们想不干，能行吗？"

听到这里，武将们感到大祸临头，说："我们都是粗人，没想到这一点，请陛下指引一条出路。"

赵匡胤说："我替你们着想，你们不如把兵权交出来，到地方上去做个闲官，买些田产房屋，快快活活度个晚年。我和你们结为亲家，彼此毫无猜疑，不是更好吗？"石守信等齐声说："陛下为我们想得太周到啦！"

酒席一散，大家各自回家。第二天上朝，每人都递上一份奏章，说自己年老多病，请求辞职。宋太祖马上照准，收回他们的兵权，赏给他们一大笔财物，让他们回家享福去了。

宋太祖"杯酒释兵权"的故事，给我国悠久的"宴会史"添上了有趣的一页。可以想象,如果赵匡胤不是在宴会上说出这番话,而是在朝堂上郑重其事地说,效果肯定大打折扣。

世界各国,不论是东方还是西方都有宴客的习俗。宴客,顾名思义,就是请客吃饭。在人们的社会交往中,上至政府官员,下至平民百姓,只要情况需要,都会采取各种各样的形式举行宴请活动。由此可见,宴客是人们应酬交往中的重要内容。

宴客的重要性是由其社会功能所决定的。人们之所以要请客吃饭就是因为它具有联络感情、疏通人际关系的作用。当人们坐在一起,把酒痛饮,品尝着美味佳肴的时候,他们之间的距离缩小了,感情接近了,关系密切了,事情也就好办了。对于这一点,中国人的感受尤其深刻,更有人用打油诗的形式来讥诮某些不正当的宴请活动。所谓"筷子一提,可以可以;酒杯一端,好办好办"的话是俗了一点,但也的确说到了点子上。

当我们批评某些不正当的宴请活动时,我们还应当认识到它联络感情、疏通人际关系的功能是不应该被轻视的。这一点在世界各国的宴客活动中都得到了充分的体现。比如,美国是一个商业发达的国家。经商自然不能没有商业关系。一个公司、一个企业、一个商店的业务关系的稳定与否是它成败的关键。如果该部的主管不去着力建立和稳定这种关系,他就会遇到极大的麻烦。无怪乎现在的各种商业部门都设有公关部,一些商学院还设有公关课程。正是由于这一点,美国或其他任何商业社会的宴请或款待活动是很多的。他们不一定大吃大喝,但这类活动是不可少的。

应酬学专家告诉你

宴请成功,主宾皆大欢喜,宾客尽兴而散,达到了宴客的目的。如果在哪一个环节上考虑不周,就可能造成不快,甚至误解,不但与人际关系的和谐无补,而且还会进一步损坏它,所以了解这方面的知识是十分必要的。

赴宴的礼仪

较大规模的宴会的桌次是有讲究的。台下最前列的一两桌一般都是主人或贵宾席，赴宴者不要贸然入座。尽管中式宴会大都使用圆桌，但每桌通常要有一位主人或招待人负责照应。其两侧的座位是留给本桌上宾的，不宜去坐，除非受到邀请。最好的办法是主人提前在各桌上标明来宾应坐的位子，使大家对号入座。正式的宴会，还应为每位客人准备一份菜单。

在入座之后，一面做好就餐的准备，一面可以和同席的人随意进行交谈，以创造和谐融洽的用餐气氛。不要旁若无人，兀然独坐；也不要眼睛骨碌乱转，盯着餐桌上的饭菜之类，显出一副迫不及待的样子，或者下意识地摸弄餐具。

中餐的餐具主要有杯、盘、碗、碟、筷、匙几种。在正式的宴会上，水杯放在菜盘上方，酒杯放在右上手。筷子与汤匙可放在专用的座子上，或放在纸套中。公用的筷子和汤匙最好放在专用的座子上。酱油、醋、辣油等佐料应一桌数份，并要备牙签和烟灰缸。宴请外宾时，还应预备好刀叉，供不会使用筷子者使用。

上菜应按照下述顺序：先上冷盘，后上热菜。最后上甜食和水果。宴会上桌数再多，各桌也要同时上菜。上菜的方式大体上有以下几种：一是把大盘菜端上，由各人自取。二是由招待员托着菜盘逐一往每个人的食盘中分让。三是用小碟盛放，每人一份。

未上菜时，不可玩弄杯、筷，或频频起立、离座。同时，你不应给主人增添麻烦，例如主人问你要喝绍兴酒或啤酒时，你要在两种酒中做出选择，不可以说你喜欢喝威士忌，因为主人可能没有预备威士忌，避免使他发窘。

席间如遇有主人或来宾致词，应停止进食，正坐恭听，不可和旁人交头接耳，或左顾右盼，也不要摆弄餐具。

进餐时，不宜高谈阔论，吃食物时，尽可能将嘴巴闭合，吃时不要发出啧啧的声音，万一打喷嚏、咳嗽，应马上掉头向后，拿手巾掩口。如果你在那天伤风咳嗽，最好不去赴宴会，因为在席上频频咳嗽不仅失礼，而且缺乏公德。夹菜时，筷子不可在碟中乱搅一通或专挑好的来吃，筷子也不要伸到碟子的对面。用汤匙舀汤不要舀得太满，以免倾泻于桌上。

大凡筷子、汤匙，不要整段塞进口里，筷子夹菜送到牙齿，汤匙仅沾唇边，既合卫生，又很文雅。夹菜时，偶然掉下一些菜于碟外，不可把它重放于原碟，只得夹来自己用，或放于盛置残渣的碟中。

在宴会中，主人如有敬酒之举，你也必须敬一杯。敬酒时，身体要端正，双手举起酒杯，待对方饮时即可跟着饮。如果是大规模的宴席，主人只能依次到各张台去敬酒，每台可派出代表到主人台去向主人回敬。敬酒时态度要从容大方。如果服务人员端茶给你，要起来用双手接着，这表示你尊敬别人，也即是人尊重你。

吃完之后，应该等到大家都放下筷子，以主人示意可以散席，才可离座。宴会完毕，便可以告辞了，这时主人家已经站在门口准备送客了，你可以随着众客人走到主人面前，握一下手，说声“谢谢”便好了，千万不要拉着主人的手不停地谈话，即使你有很多话要跟主人说，也该留待他日有空再谈，免得妨碍主人送客。更周到的做法，事后也可以写封致谢的信。

应酬学专家告诉你

在宴会中最好不要中途离去，若万不得已时，也应向同桌的人说声对不起，同时还要郑重地向主人道歉，说明原委。如果有长辈在场，最好后退两步，才转身离开，这样，才能表现出你是一个有教养的人。

应怎样安排客人的座次

清代康熙时的高士奇年老退休后，自觉身体硬朗，便四处游历。到扬州时，身上的钱花得精光，便给一家盐商当私塾先生。那年中秋，盐商大发请帖，请了当地的官吏、绅士、富豪及亲戚朋友，却忘了请这位私塾先生。这个学生跑去告诉了高士奇。高士奇说："我陪你闹席，逗逗乐子。"

到了宴席上，盐商也感到不好意思，这时首席首位的客人还没来，他就虚招呼高士奇："老先生，请坐吧"。出乎盐商的意料，这个干瘦的穷先生一屁股坐在首位，坦然自若。

宴席开始了，高士奇头一个饮酒。一个土财主看不惯了："老先生，你这辈子坐过几次首席首位啊？"

高士奇回答："五次。"然后慢悠悠地说："第一次，姐姐出嫁，我代父亲送她到姐夫家，坐首席首位。"众人不以为然。

"十六岁入乡闱举试，中头名解元，南京贡院设鹿鸣筵，我坐首席首位。"众人立刻鸦雀无声。

"二十六岁独闯京师，在名相明珠府里为西席教师，受康熙爷知遇之恩，荐为博学鸿儒科，取在一等额外之名，朝廷于文渊阁设宴，天子亲自相陪，太子执壶劝酒，不才在首席首位。"众人听后呆若木鸡。

"此后为相二十年，官拜文渊阁大学士，上书房大臣，领侍卫内大臣，太子太保。五十五岁荣归故里。在赐金还乡之日，天子率百官在体仁阁设宴饯行。我仍是首席首位，是第四次。"高士奇笑吟吟地站起来："此时此地是第五次，哈哈，够了。"说罢抽身便走。众人面如土色。

宴会上，什么人坐在哪个席位，可是一门大学问。中国最早的礼和最普泛、最重要的礼，可以说就是食礼，“夫礼之初，始诸饮食”，用食来敬神，表明“礼”是极隆重的事，并且是起源很早的。而中国宴会繁缛食礼的基础仪程和中心环节，即是宴席上的座次之礼——“安席”。史载，汉高祖刘邦的发迹就缘于他于沛县令的“重客”群豪宴会上旁若无人“坐上坐”。当时还是“席地而坐”，“上坐”乃宴席的“尊位”所在，亦即“席端”。这种宴席上的“上坐”，因坐制的饮食基础器具、几案、餐桌椅形制的历史演变而有时代的不同。总的来讲，座次是“尚左尊东”、“面朝大门为尊”。家宴首席为辈分最高的长者，末席为最低者。

就一张餐台的具体座位来说，目前中餐通行的规范是：主人座于上方的正中，主宾在其右，副主宾居其左，其他与宴者依次按从右至左、从上向下排列，巡酒时自首席按顺序一路敬下。若是圆桌，则正对大门的为主客，左手边依次为2、4、6……右手边依次为3、5、7……直至汇合。

若为八仙桌，如果有正对大门的座位，则正对大门一侧的右位为主客。如果不正对大门，则面东的一侧右席为首席。然后首席的左手边坐开去为2、4、6、8，右手边为3、5、7。

西餐一般都使用长桌。举行正式宴会时，坐席排列按国际惯例：桌次的高低依距离主桌位置的远近而右高左低，桌次多时应摆上桌次牌。同一桌上席位的高低也是依距离主人座位的远近而定。西方习俗是男女交叉安排，即使是夫妻也是如此。

应酬学专家告诉你

通常服务员摆台时以餐巾折叠成花、鸟等造型，首位造型会非常醒目，使人一望而知。而隆重的大型宴会则往往在各餐台座位前预先摆放座位卡，所发请柬上则标明与宴者的台号。这样或由司仪导入，或持柬按图索骥、对号入座，自然不易出错。

点菜是一门技术

香港作家倪匡和蔡澜是好朋友。倪匡移民美国后，蔡澜曾去看望他，并在香港的报纸专栏上讲了若干个倪匡的笑话，其中有一个是关于倪匡点菜的：

倪匡是个英文盲，每次去美国餐馆吃饭时都不会点菜，有高人教他：凡是菜谱上方用大号字体印刷的，必是贵的，越往下字体越小的，就是便宜的。倪匡依计而行，专点菜谱上最下方、最小字的一行，不管是什么。有一次他在一家挺豪华的餐馆点了最后一行，被服务生拒绝了。那一行写的是“本店加收10%的服务费”。

点菜是摆在食客们面前一道严峻的选择题，一桌完美的菜点，不仅要组合好使宾客满意，也要考虑菜的品味、档次等因素，可真不是道容易的题目。宴请时，菜可是主角之一，点的菜是否合客人的胃口，很大程度上影响着应酬的效果。点菜不能随便，要注意的地方还真不少。

第一，点菜前要做到心中有数，先明确宴请的对象和目的。有的客人是初次见面，菜的档次就不能太低；有的对象是长期的合作伙伴，菜品就不能“大而不当”；有的对象是上级，那点菜还不能自作主张，要让上司先点；有的宴请是庆功宴，那么大家喜气洋洋，点的菜就得助兴才行。这也直接涉及宴请地点的确定，什么级别、什么价位的宴请，都直接决定了对方来吃饭的第一印象，如果档次太低，很容易让对方心里憋着一口气；如果档次太高，又有可能华而不实，铺张浪费。

第二，主题确定了之后，就要确定人数和性别比例，以确定点菜的数量。菜品不是越多越好，因为如果点了过多的菜，最后还剩下许多，有可能给对方留下不好的印象。况且，宴请的目的都是“醉翁之意不在酒”，虽然还不至于有哪些人见了菜忘了说话只顾着吃，但是如果菜上的过多，频频打断大家的谈话，也是不合适的。一般来说，人均一菜是比较通用的规则，如果是男士较多的餐会可适当加量。

第三，菜肴组合。点菜跟穿衣服搭配是一个道理，再漂亮的衣服如果搭配不当，也会失去品位。点菜并不要求每个菜都出彩，但讲究一桌菜的五味俱全，要搭配合理、咸淡互补、鲜辣不克，让每种味、每道菜都发挥到极致。菜肴应强调荤素、浓淡、干湿、多种烹调方法搭配，原料尽量不重复。一般来说，一桌菜最好是有荤有素，有冷有热，尽量做到全面。如果桌上男士多，可多点些荤食，如果女士较多，则可多点几道清淡的蔬菜。

第四，宴请前搞清楚对方的饮食禁忌，避免引起不快。

点菜看似随便，但是学问却很多。一桌丰富的宴席体现了主人对对方的重视，菜品的档次也暗示了主人对对方的在意程度，一桌色香味俱全的绝佳美食，有助于对方吃得开心，进而生意谈得开心，合作进展得更加顺利；一道有特色的菜品，也可能成为宾主新的话题，从此展开谈论。

应酬学专家告诉你

宴请的主角是菜，也是人，但是菜是被动的，人是主动的。掌握好点菜的技巧，宴请应酬就有了好的开端。

不可不知的西餐礼仪

在人们交往范围日益广泛的今天，西餐对于我们来说已经并不陌生，外国朋友来了，吃腻了中国菜，通常拿起刀叉，来顿西餐过过瘾，但是与中餐相比，西餐礼仪的繁琐复杂可不仅仅是筷子和刀叉的区别。

西餐种类繁多，风味各异，因此其上菜的顺序，因不同的菜系、不同的规格而有所差异，但其基本顺序大体相同。

一餐内容齐全的西菜一般有七八道，主要由这样几部分构成：第一，饮料、水果或冷盆，又称开胃菜，目的是增进食欲；第二，汤类，此时一般上有黄油、面包；第三，蔬菜、冷菜或鱼；第四，主菜。肉食主菜一般配有熟蔬菜，此时要用刀叉分切后放餐盘内取食。如有色拉，需要色拉匙、色拉叉等餐具；第五，餐后食物。一般为甜品、水果、冰淇淋等。最后为咖啡，喝咖啡应使用咖啡匙、长柄匙。

进餐时，除用刀、叉、匙取送食物外，有时还可用手取。如吃鸡、龙虾时，经主人示意，可以用手撕着吃。吃饼干、薯片或小粒水果，可以用手取食。面包则一律手取，注意取自己左手前面的，不可取错。取面包时，左手拿取，右手撕开，再把奶油涂上去，一小块一小块撕着吃。不可用面包蘸汤吃，也不可一整块咬着吃。

喝汤时，切不可以汤盘就口，必须用汤匙舀着喝。姿势是：用左手扶着盘沿，右手用匙舀，不可端盘喝汤，不要发出声响，也不可频率太快。如果汤太烫时，应待其自然降温后再喝。

吃肉或鱼的时候，要特别小心。用叉按好后，慢慢用刀切，切好后用叉子进食，千万不可用叉子将其整个叉起来，送到嘴里去咬。这类菜盘里一般有些生菜，往往是用于点缀和增加食欲的，吃不吃由你，不要为了面子强吃下去。

餐桌上的作料，通常已经备好，放在桌上。如果距离太远，可以请别人递一下，不能自己站起来伸手去拿，这是很难看的。

吃西餐时相互交谈是很正常的现象，但切不可大声喧哗，放声大笑，也不可抽烟，尤其在吃东西时应细嚼慢咽，嘴里不要发出很大的声响，更不能把叉刀伸进嘴里。至于拿着刀叉做手势在别人面前挥舞，更是失礼和缺乏修养的行为。

吃西餐还应注意坐姿。坐姿要正，身体要直，脊背不可紧靠椅背，一般坐于座椅的四分之三即可。不可伸腿，不能跷腿，也不要将胳臂肘放到桌面上。

饮酒时，不要把酒杯斟得太满，也不要和别人劝酒（这些都不同于中餐）。如刚吃完油腻食物，最好先擦一下嘴再去喝酒，免得让嘴上的油渍将杯子弄得油乎乎的。干杯时，即使不喝，也应将酒杯在嘴唇边碰一下，以示礼貌。有人曾将一次礼貌的饮酒程序做了总结：首先，举起酒杯，双目平视，欣赏色彩；其次，稍微端近，轻闻酒香；然后，小啜一口；第四，慢慢品尝；最后，赞美酒好、酒香。

应酬学专家告诉你

西餐既重礼仪，又讲规矩，只有认真掌握好，才能在就餐时表现得温文尔雅，颇具风度。

西餐餐具怎么用

不习惯吃西餐的人，可能看到西餐餐桌上各式各样的刀叉杯盘就会不知所措。和中餐“一双筷子走天下”不同,吃西餐必须熟悉餐具的用法。

在正式宴会上,客人入席时,餐桌上每个座位前都已摆好了盘子和其他餐具。菜盘比较大的放在全套餐具的中央,是用来盛主菜加上一些配菜用的。如果是两道主菜,就会摆两个菜盘。在菜盘上面放有一个备用盘,稍小一点。盛开胃小吃或汤的小碗将会放在备用盘的上面。在吃过开胃小吃或喝过汤之后,服务员就把小碗和备用盘拿去。在菜盘的左边通常摆有一个沙拉盘。甜食盘是在菜盘撤走后摆在中央的。可以把甜食用盘子盛着端上,也可以摆好盘子然后用大盘子盛着甜食拿上来让客人取用。吃完甜食,把甜食盘放在原来的地方。

金属餐具如刀、叉、勺等每样都有多种不同的用途。但是,即使在最正式的宴会上,也不常会看到在菜盘两边摆有三把以上的叉子、两把以上的刀子和两种以上的调羹。

最小的叉子是吃海鲜用的,最大的叉子是吃主菜用的,略小一点的是用来吃沙拉的。如果沙拉在主菜之前上，吃沙拉的叉子就摆在餐叉的左边。如果作为吃甜食用的叉子,它就摆在餐叉的右边或摆在盘子的上方。

放在最靠近盘子的那把大餐刀是吃主菜用的,可以用来切肉和蔬菜,如有必要也可用来切蔬菜沙拉。有时候主菜中有牛排,就备有切牛排用的刀子。这种刀子刀头很尖,刀刃较锋利。如果主菜是鱼,那就要用鱼刀。这种刀的形式有点像铲子,为的是便于避开鱼骨切割鱼肉。

进餐时,应先取左右两侧最外边的一套刀叉。每吃完一道菜,将刀叉合拢并排置于碟中,表示此道菜已用完,服务员便会主动上前撤去这套餐具。如尚未用完或暂时停顿，应将刀叉呈八字形左右分架或交叉摆在餐碟上，刀刃向内，意思是告诉服务员“我还没吃完，请不要把餐具拿走”。使用刀叉时，尽量不使其碰撞，以免发出大的声音，更不可挥动刀叉与别人讲话。

另外，在正式宴会的每一个座位的餐桌上，刀、叉和盘子的右上方摆有几个高脚玻璃杯，包括凉水杯、红葡萄酒杯、白葡萄酒杯、香槟酒杯等。拿高脚杯时，应用大拇指和另外几只手指拿住杯子的下半部。只有当白葡萄酒是冰镇的时候才不这样拿，而是用手指捏着酒杯脚。每次喝完酒或水，要把杯子放回原处。

在一个很正式的宴会上，会在餐盘的左上方摆有一个金属或玻璃的碗，里面放有清水，有时还有几片花瓣，是用来洗手的。这是洗手的碗，千万不要把它错当喝水的碗。

应酬学专家告诉你

就餐时如果对餐具使用没有把握，可以看看主人拿哪种餐具，照他的样子办便是。有时候刀、叉或调羹是同菜一道端上来的，例如，咖啡杯、盘带着茶匙，那就更没有问题了。

祝酒词为应酬锦上添花

古希腊人的宴会本身就是一种艺术形式。每个宴会上都要选出一个致祝酒词的人。不管食物是简单还是精致，女主人们总是要不断地添菜。而男人们的酒是否喝得尽兴则取决于祝酒人。在祝酒之前，是不许碰酒碗的，祝酒人要发表一个很长的或诗歌、或机智幽默、或充满勇气的演讲作为开始。在漫长的宴会中可能会有二十次或更多的祝酒。

谈起喝酒，几乎所有的人都有过切身体会，人在交际过程中，已经越来越多地发现了酒的作用。喝酒总需要有个理由，碰杯、敬酒都要有说辞，不然，人家干吗要喝你的酒呢？端起杯来，先要知道，敬酒有一些潜规则是必须注意的。如果敬酒不得当，别人就算喝了你敬的酒，心里也会对你颇有微词，达不到很好的效果。

一般来说，敬酒时需要注意的有以下几点：

第一，找准自己的位置，如果你既不是领导又不是主角，那一定要等领导相互喝完或者主角都表现完了，才轮到自己敬酒。敬酒时要非常礼貌，一定要站起来，双手举杯。

第二，敬酒一般是一人敬一人，或者多人敬一人，决不可一人敬多人，除非你是领导。

第三，自己敬别人，如果不碰杯，自己喝多少可视情况而定，切不可比对方喝得少。一般而言，敬酒的人都会“先干为敬”，说的就是这个道理。敬酒碰杯时，也通常说“我喝完，你随意”，显得既大方又大度。

第四，端起酒杯，记着自己的杯子永远低于别人。因为是敬别人嘛，自然要自己低点。当然，如果你是领导，就不要太过于谦虚把杯子放得太低，否则下属们谁都不敢高于你的杯子，这酒还怎么喝？

第五，先敬主要人物、核心人物或者领导，如果没有特殊人物在场，敬酒最好按时针顺序，不要厚此薄彼。

仅仅掌握敬酒的潜规则是远远不够的，敬酒时的祝词也是必不可少的环节。精彩的祝酒词能够让在场的人开怀大笑，兴致勃勃，借敬酒的时机就创造出了一个小高潮；好听的祝酒词会让人心情舒畅，酒喝得也就兴高采烈。如果没有合适的祝酒词增添色彩，那敬酒、祝酒跟一个人喝闷酒又有什么区别呢？

祝酒词最通常的说法就是喜气洋洋，多说几句客套话，听起来花样百出，朗朗上口，这样容易营造出轻松的气氛。用简洁的语言串联起来的祝酒词，不仅幽默，也让对方听起来觉得有趣。人家都这么巧舌如簧地说了一大篇话了，对方怎么好意思不喝呢？

祝酒词也可以简单地直抒胸臆，比如祝对方身体健康、事业蒸蒸日上、生意兴隆、家庭幸福，等等。这样的祝酒词虽然简单，但是却饱含情意。人们都是愿意得到别人对自己的祝福的，一般用这样的言语劝酒也会马到成功。

别人祝酒都会花上百样心思，不由得你不喝，但是你也不能拿起酒杯直接干了，那样喝酒就少了许多乐趣。要有来有往，有劝酒词，就要有回敬的话，这样才有意思。

应酬学专家告诉你

恰当的劝酒让人乐于干杯，喝了酒也就增进了友谊；恰当的回应也是表明了喝酒喝得明白，不是有酒就喝，也不是不敢还言。好的祝词能让人欣喜，从而对你的好感也随之增加；恰好说到对方兴奋点的祝词能让对方喜不自胜，喝酒也喝得畅快。

要劝酒不要灌酒

2007年,江西省玉山县的毛水平参加朋友的生日聚会,四个人在酒店相聚。毛水平本来不会喝酒,但是架不住众人劝酒,勉强喝下一杯白酒就当场呕吐,但三个朋友以喝酒必须尽兴为由,又劝毛水平再喝下三杯白酒。席后,毛水平不省人事,当天下午,其父亲毛坤在酒店找到毛水平,发现其已死亡。此事最终闹到当地法院,法院审理认为,毛水平作为成年人,明知自己不胜酒力却依旧喝酒,存在过错,劝酒的三个人在明知毛水平不胜酒力的情况下,仍强劝毛水平继续喝酒,应该承担民事责任,被判共同向原告赔偿5.7万元。

本来愉快的聚会,却被几杯酒搞成了惨剧,让人心生叹息。

在酒桌上往往会遇到劝酒的现象,有的人总喜欢把酒场当战场,想方设法劝别人多喝几杯,认为不喝到量就是不实在。以酒论英雄,对酒量大的人还可以,酒量小的就犯难了,有时过分地劝酒,会将原有的朋友感情完全破坏。

会劝酒的人,让人高高兴兴地喝下这杯酒,不会觉得这是强求,也不会觉得这是负担;劝酒的很有面子,喝酒的也心满意足。会劝酒的人,拿起杯来,一两句话说得人心服口服,心甘情愿地喝下这杯酒,还不会有被逼迫的感觉。

劝酒只不过是逢场作戏,但是劝酒有道的人说出话来不会让你觉得是客套话,而让人备感亲切,这酒喝着无比舒服。

劝酒从来没有什么套路,会劝酒的人就像大侠一样,出招时出人意料,别出心裁,让人惊喜不已,又不得不中招。

这样的劝酒可谓是将其艺术化，将酒桌变得生动有趣，喝酒不再是对瓶吹，也不再喝闷酒，而是喝得其乐融融。酒桌上喝好了，还有什么事办不成呢？

劝酒最需要注意的一点就是切莫强求。每个人的酒量都不一样，有的人天生豪饮，如《水浒传》里的英雄们，大碗喝酒，大块吃肉，不用你劝，人家自己就一碗接一碗地喝上了；但有的人却天生不胜酒力，如《红楼梦》里的林妹妹，吃了螃蟹怕积食要喝点黄酒助消化，却只拿起酒杯来抿了一下也就放下不喝了，这样的人就算你找出100个理由劝酒，她不喝就是不喝，反而还会觉得你非常讨厌，那你就是吃力不讨好了。因此，劝酒前一定要观察好，哪些人能喝，哪些人不能喝，找对人再劝酒。

劝酒时一定要把握好敬酒的顺序。有求于某位客人时，在席上对他自然要倍加恭敬，但是要注意，如果在场有更高身份或年长的人，则不应只对能帮你忙的人毕恭毕敬，也要先给尊者、长者敬酒，不然会使大家都很难为情。一般情况下敬酒应以年龄大小、职位高低、宾主身份为序，敬酒前一定要充分考虑好劝酒的顺序，分清主次。与不熟悉的人在一起喝酒，也要先打听一下身份或是留意别人如何称呼，这一点心中要有数，避免出现尴尬或伤感情的局面。

应酬学专家告诉你

劝酒时固然会摆出一百个理由，非要让对方喝下这杯酒不可，但是有时候如果对方真的没酒量或者没心情，劝酒时强求就只会适得其反。即便对方很能喝，也不要一味只是劝酒，那样的话，除了喝酒还有什么意义呢？

饮茶有茶道

小说《红楼梦》中，讲到贾母带刘姥姥游览大观园，到了妙玉修行的栊翠庵休息喝茶。其间，妙玉把宝钗、黛玉两个人叫进内室喝“体己茶”，不仅用的茶具都是珍稀的古董，煮茶用的水更是“梅花上的雪”化成的。待到贾宝玉尾随而至，又引起了“一杯为品，二杯即是解渴，三杯便是饮驴”的妙论，可以说是讲究到家了。

茶是中国人最喜爱的饮料，亦为外宾所乐于接受。在家里、办公室里接待来访者，茶水是必备的。有时还可以专门举行茶会招待来宾。茶水虽然物美价廉，但饮茶却是一种文化。有客来访，待之以茶。此事虽小，却不得马虎大意。为客人沏茶之前，要首先洗手，并洗净茶杯或茶碗。要特别注意茶杯和茶碗有无破损或裂纹，残破的茶杯或茶碗是不能用来待客的。还要注意茶杯或茶碗里面有无茶锈，有的话，一定要清洗掉。茶具以陶瓷制品为佳。

不能用旧茶或剩茶待客，必须沏新茶。至于客人喜欢绿茶、红茶还是花茶，可以事先征求意见。

茶水不要沏得太浓或太淡，每一杯茶斟得七成满就可以了。正规的饮茶，讲究把茶杯放在茶托上，一同敬给客人。杯把要放在左边。要是饮用红茶，可准备好方糖，请客人自取。喝茶时，不允许用茶匙舀着喝，茶匙应取出来。

上茶时可由主人向客人献茶，或由招待员给客人上茶。主人给客人献茶时，应起立，并用双手把茶杯递给客人，然后说一声“请”。客人亦应起立，以双手接过茶杯，道以“谢谢”。不要坐着不动，任主人为自己张罗。添水时亦应如此。

上茶的具体步骤是：先把茶盘放在茶几上，从客人右侧递过茶杯，右手拿着茶托，左手附在茶托旁边。要是茶盘无处可放，应以左手拿着茶盘，用右手递茶。注意不要把手指搭在茶杯边上，也不要让茶杯撞在客人手上，或洒了客人一身。如果妨碍了客人的工作或交谈，要说一声"对不起"。客人应对招待员的服务表示感谢。

如果用茶水和点心一同招待客人，应先上点心。点心应给每人上一小盘，或几个人上一大盘。点心盘应用右手从客人的右侧送上。待其用毕，即可从右侧撤下。

不论是主人还是客人，都不应大口吞咽茶水，或喝得咕咚咕咚直响。应当慢慢地一小口一小口地仔细品尝。遇到漂浮在水面上的茶叶，可用茶杯盖拂去，或轻轻吹开。切不可用手将其从杯里捞出来扔在地上，也不要吃茶叶。

西方常以茶会作为招待宾客的一种形式。茶会通常在下午 4 时左右开始，设在客厅之内。准备好座椅和茶几就行了，不必安排座次。茶会上除饮茶之外，还可以上一些点心或风味小吃。

应酬学专家告诉你

尽管不少国家有饮茶的习惯，但饮茶的讲究却是千奇百怪的。如日本人崇尚茶道，作为陶冶人的性灵的一种艺术，以茶道招待客人，重在渲染一种气氛。至于茶则每人饮小小的一碗，或全体参加者轮流饮用一碗，不能喝了一碗又一碗。

喝咖啡有讲究

咖啡是人类主要饮料之一，欧洲、美洲、非洲、拉美和阿拉伯等国家的人们大都喜欢喝咖啡。在有些国家，譬如拉丁美洲的国家，人们喝咖啡就像喝开水一样频繁，一天不知要喝多少次咖啡。到理发店理发，店主都会用咖啡款待顾客。

在餐馆，咖啡一般是用带盘子的杯子端上来的，有时候也有用咖啡壶盛着端上来。可以往杯子中倒入牛奶并加糖，然后拿起茶匙搅匀，再把勺子放在盘子上，拿起杯子来喝。要注意如果勺子中剩余的一点咖啡把盘子和杯底沾湿了，要用纸巾把水吸干，以免拿起杯子来喝的时候，杯底滴下的咖啡把衣服弄脏。

午餐或者晚餐，特别是宴会之后，在上甜食的时候，会有人问客人是喝咖啡还是喝茶，客人可以随自己的喜欢要。在一些比较正式的宴会，餐后供应的咖啡常常是用小杯子盛的浓咖啡，有的还供应意大利式的用蒸汽加压的浓咖啡。前一种也可以加牛奶，但人们往往喜欢喝不加牛奶的“黑咖啡”；后者则常常挤进柠檬的汁混着喝，喝这种咖啡不加牛奶或奶油，有时候掺进一点茴香酒一块儿喝。在一些非正式宴会上，人们越来越时兴用大平底杯子盛咖啡。在宴会上，不管主人供应哪一种咖啡，客人都可以谢绝，可以喝茶。

在餐后饮用的咖啡，一般都是用袖珍型的杯子盛出。这种小型杯的杯耳较小，手指无法穿进去。但即使是用较大的杯子，也无需用手指穿过杯耳再端住杯子。咖啡杯的正确拿法，应是用拇指和食指拈住杯把而将杯子端起。

给咖啡加糖时，如果是砂糖，可用汤匙舀取，直接加入杯内；如是方糖，则应先用糖夹子把方糖夹在咖啡碟的近身一侧，再用汤匙把方糖加在杯子里。如果直接用糖夹子或手把方糖放入杯内，有时可能会使咖啡溅出，从而弄脏衣服或台布。

在用汤匙把咖啡搅匀以后，应把汤匙放在碟子外边或左边，以不妨碍喝咖啡为原则。不能让汤匙留在杯子里就端起杯子来喝，这样不仅不雅观，而且很容易使咖啡杯泼翻。也切不可使用汤匙来喝咖啡，因为汤匙只是用来加糖和起搅拌作用的，不要用咖啡匙用力去捣碎杯中的方糖。

如果嫌刚刚煮好的咖啡太热了，可以用咖啡匙在咖啡杯中轻轻搅拌使之冷却，或者等待其自然冷却，然后再饮用。用嘴试图去把咖啡吹凉，是很不协调的动作。

盛放咖啡的杯碟都是特制的。它们应当放在饮用者的正面或者右侧，杯耳应指向右方。饮咖啡时，可以用右手拿着咖啡杯的杯耳，左手轻轻托着咖啡碟，慢慢地移向嘴边轻啜。不宜满把握杯、大口吞咽，也不宜俯首去就咖啡杯。喝咖啡时切记不要发出声响来。

当然，有时也会遇上一些特殊情况。例如，坐在远离桌子的沙发中，不便使用双手端着咖啡饮用，此时可以做一些变通。可用左手将咖啡碟置于齐胸的位置，用右手端着咖啡杯饮用。饮毕，应立即将咖啡杯置于咖啡碟中，不要让二者分家。

添加咖啡时，不要把咖啡杯从咖啡碟中拿起来。

有时饮咖啡可以吃一些点心。但不要一手端着咖啡杯，一手拿着点心，吃一口、喝一口地交替进行。饮咖啡时应当放下点心，吃点心时则应当放下咖啡杯。

应酬学专家告诉你

现在，出于方便，不少人喝速溶咖啡。只要舀一勺咖啡，冲上开水就能够喝。但是，稍为讲究的人都要喝现煮的咖啡。餐馆和宴会上也都不会用速溶咖啡来待客。

酒会是交际的好场所

酒会的气氛十分随便。大家可以无拘无束地边饮边谈，它是社交的好场所。酒会布置简单，不必有固定的桌椅。客人大部分站着进食，有时可设一张长桌作为主台，台上布置些花草、盆景。周围可放几套沙发供来宾休息，另外再放几只小圆台，台上摆放点心和下酒食品，客人们可以随意取食。

按照过去的礼节，酒会的主人应在酒会举行前发出请帖。收到请帖的人应该写回执，申明自己是否出席。如果想带朋友，一定要征求主人意见，事先不商量，擅自带一个或几个朋友入会是失礼的。假如这是一个小规模的酒会，主人可以在一两个星期之前以电话邀请客人。至于大而较隆重的酒会，请柬须在两星期前或更早一点就发出。正式的请柬只用女主人的名义发出。与其他宴会不同，酒会期间，客人们可以自由出入，迟到不为失礼，早退也没有关系。中途要离去的客人得在人群中把男主人找出来，向他道别。如果主人很忙的话，不必奢望他们能抽身出来送客。

在较大的酒会，男女主人都是分工合作的：男主人照顾酒水的供应，欢迎客人和给他们安放衣物，女主人则留在会场中欢迎来客，和他们应酬寒暄。在宾客众多的场合，女主人应经常留意大门口，看有无客人到来，并上前欢迎他们，把他们介绍给他们可能会喜欢结识的朋友。

一些酒会如举行的时间不长，则可不必另外预备房间让女客人存放衣物。在别的情形下，这样一个房间是必需的，同时灯应一直亮着，以便女宾可以直接在那里梳理头发或是化妆。

酒会的主要目的就是让客人来来往往，以尽量接近别人，但这并不是说男女主人可以把另一个人介绍给正在谈得起劲的客人。只要客人们谈得兴高采烈，主人还是不加干扰为妙，待时机合适时再为他介绍另外的新朋友。

至于客人方面，他们自然不应依赖主人为他们互相介绍，而应当在会场中四处行走，同时自我介绍或为别的朋友介绍。如一群朋友正在谈天，有个人后来加入了，此时认识他的人便应自动把他介绍给其他不认识的人，然后再继续他们的话题。考虑周到的人还会对他略述一下他们正在谈的内容，使得他易于进入情况，成为他们中间的一分子。

酒会间，应自我照顾，应酬自如。聪明的人，总是抓住这一机会，把自己介绍给更多的人，以便结交更多的朋友。如果女主人要把你介绍给别人，一定不要拒绝。在酒会上最忌在同人谈话时，眼光掠过对方肩膀去扫视别人，这等于说一发现新客人就想抛开对方。在酒会上，男士若发现女士酒杯空了，主动去斟酒是一种礼貌的行为。当离开酒会告辞时，一定要向女主人道谢。

应酬学专家告诉你

在酒会上，若不慎打翻酒杯，应悄悄地请求主人解救，并主动帮助收拾干净。千万不能醉酒，那是有失大雅的。

怎样享用自助餐

正规的自助餐，不固定用餐者的座次，甚至不为其提供座椅，方便省事。用餐者碰上自己偏爱的菜肴，只管自行取用，不必担心会有人嘲笑自己。需要为众多的人士提供饮食时，自助餐是一种首选。它不仅可以款待数量较多的来宾，而且也可较好地处理众口难调的问题。

享用自助餐时，必须自觉地维护公共秩序，排队选用食物，不容许乱挤、乱抢、乱加塞，更不容许不排队。轮到自己取菜时，应用公用的餐具将食物装入自己的食盘之内，然后迅速离去。切勿在众多的食物面前犹豫再三，让身后的人久等，更不应该在取菜时挑挑拣拣，甚至直接下手或以自己的餐具取菜。

取菜的先后顺序应当是：冷菜、汤、热菜、点心、甜品和水果。因此在取菜前，最好先在全场转上一圈，了解情况后，再去取菜。

自助餐最大的优点是能随心所欲地拒绝和选择各色菜肴。但若一味地取用价格昂贵的，或是盘中的菜肴明明已经堆积如山了，吃不完又去取菜，取完后还霸占在桌旁不肯离去，甚至为了取食而推挤他人，都是极不礼貌的。

懂得取舍的人，吃自助餐时重的是“质”而不是“量”。有些人吃自助餐时只愿尝试自己熟悉的食物，其实，要吃就吃平常不太吃得到的食物才更有意思。

在选取食物时，必须量力而行。切勿为吃得过瘾，将食物狂取一通，导致浪费。要遵循自助餐的“多次少取”原则，即多次取菜，每次少取。此外，搛菜时，不可从整盘菜中央取，应从边缘开始夹，而且动作不可粗鲁，以免破坏菜肴放置的形状。在自助餐上，强调的是用餐者以自助为主。用餐结束之后，自觉地将餐具送到指定之处。

参加自助餐时，须与他人和睦相处。不可以自作主张地为对方直接代取食物，更不允许将自己不喜欢或吃不了的食物“处理”给对方吃。年轻的男子应为女士服务，替她们端菜；但就女性的立场来说，第一盘可让男士为自己服务，若是从头到尾都像个女王似的，一切让男士服务到底就不可取了。

除此之外，不要将菜取好就坐在一旁与朋友聊天，或是选好菜后，独自坐在角落自顾自地吃，这些都是不合乎礼貌的行为。进餐时，应选一处较固定的座位，千万不要端着盘子四处走动，这样不仅容易撞到别人，食物也极易掉落。出席自助餐，可以中途离去，但不辞而别，亦是不礼貌的行为。

应酬学专家告诉你

在参加自助餐时，一定要牢牢记住一点：千万不要偷偷往自己的口袋、皮包里装食品、饮料及酒水，更不要要求侍者替自己“打包”。

第五章
礼尚往来的取予之道

用“轻礼”表达“重意”

秦桧任宰相时，权势显赫，溜须拍马者所馈送的各色礼品从四面八方飞进相府。

广东路经略使方务德冥思苦想：送什么样的礼品才能讨得秦桧的欢心呢？他知道秦府常摆宴席至深夜，终于想出了一条妙计，选用了各色香料，制成了一批奇香四溢的香烛。之后选派能说善道的心腹之人快马加鞭送至相府。同时，特别嘱咐送烛之人献上一份厚礼给主藏吏。主藏吏收到厚礼后，告诉来人不要着急，在此静候佳音。

数日后，秦府饮宴，从午至夜，天色渐渐暗了下来。秦桧便嘱人上蜡烛，主藏吏故意说：府中存烛用完了，正好有广东方经略送来的一箱蜡烛，还未敢启用。秦桧说：“那就拿来用吧！”蜡烛点燃一会儿，满屋异香扑鼻，宾主都觉得诧异，细细察看，原来异香自烛中来。秦桧下令将蜡烛全部取来，数一数，连同已点燃的 1 支，共有 49 支。秦桧满腹狐疑：送礼从来是凑个整数，这是怎么回事呢？主藏吏认为时机已到，马上告知：广东送烛之人还在，一问便知。于是，方务德的心腹上堂禀告：蜡烛是我们经略大人特地派人监造制作的，专为进献给相府使用。一共做了 50 支，做好之后，不知质量如何，取出 1 支试燃。这才敢献上。因为是送给相府的，试用了 1 支，不敢用其他蜡烛来充数，这样就只存 49 支了。

秦桧闻之，心中大喜，想这方务德诚心可嘉，于是就对他百般宠信了。

送礼是在人情往来中必不能少的重要手段。送得好，方法得当，则皆大欢喜。送得不好，被人拒绝，触了霉头，只会给心中添堵。所以，只有巧妙掌握送礼的技巧，才能让每一份送出的礼都能收到实效，在整个送礼的过程上画一个漂亮的句号。一是礼物选得是否中对方的意，二是送的时机是否恰当，能否将对方收到礼物时的欣喜程度最大化。这些细节功夫做好了，送的礼才能恰到好处，一“礼”中的，博得对方的欢心。

送礼，关键在于是否会“送”。光说送礼的道理并不难懂，难就难在实际操作，若你送礼的功夫到家，在不显山露水的同时，就能够打动人心，以“小礼”换来“大利”。“礼”要送得恰到好处。称得上好的礼物，并不一定都是价值不菲的，真正可贵的，是你送礼时所展现出的智慧，只要动一下脑筋，你就能想到既经济又能传递情感的礼物了。

送礼不仅要选对东西，看准时机，更要凭着十分真情，用真诚打动对方，这比礼物本身更有价值，也更容易赢得对方的心。千里送鹅毛的故事正说明了这个道理。

但是，现在的人们常常忽略“礼轻情义重”的说法，送礼的含金量越来越高，更使人情变成了一种“债”。其实，在很多人看来，情意与金钱不能画上等号，情意与礼的含金量不成正比，情意不该为金钱所冲淡。所以，我们在送礼时，应该注意要以“礼轻人意重”为前提。“人意”到，“情意”到，才能让送礼收到奇效。

应酬学专家告诉你

看似再平常不过的礼物与送礼，早已被现代人演变成应付差事，不得不为或者心不甘、情不愿的事情，这样的礼送不送又有什么差别呢？即便送了又怎能让对方感受到你的深情呢？只有用心送礼，一“礼”中的，才能收到良好的效果。

怎样让礼物打动人心

某年，美国纽约流行性感冒非常严重，医生和护士都忙不过来了。纽约市某俱乐部的若干会员决定助一臂之力。他们都是上了年纪的富人，如果捐出一大笔钱来，实在是易如反掌。但是，他们不仅仅捐了钱，而且穿上白制服，为医院刷地，替病人洗澡，安慰垂危的病人和死者的家属。疲劳和传染都不能挫伤他们的热情与热心。他们给予的不是钱，而是献出自己。

常言说，送礼要送到心坎上。礼物是感情的传递物，是传送友谊的媒介。所以，我们在选择礼品时，应根据自己的感情和心理来挑选礼物，也就是说要千方百计将自己的情感心理通过特定的礼品表现出来，让对方在接受礼品时，能感受到你的一片深情厚谊，即以物见情，以情感人。只有做到这点，才能使你的送礼行为高尚、文雅、亲切、友好。

雪中送炭胜于锦上添花。日本首相田中角荣在担任自民党干事长时，一直忙着主持自民党选举事务，然而，他却不忘记派人将慰问金送到落选的议员家中，并且勉励他们不要气馁，下次重新再来。对落选的议员来说，田中角荣的勉励已经使他们深受感动，而送慰问金，更加深了他们的感激之情。在此之后，拥戴田中的人越来越多，竟形成了一个“田中派”。只有在别人困顿中伸出援手，才能得到真正的友谊。田中角荣毕竟是真正吃过苦头的人，所以能了解人类微妙的心理。在别人的婚礼上或荣升宴会上大肆破费，不如在别人病痛或朋友有难时伸出援手。

送礼应该视双方的关系、身份、送礼的目的和场合，加以适当掌握，不可太菲薄，也不可太厚重，礼物太轻则意义不大，很容易让人误解为瞧不起他，尤其是关系不很亲密的人或亲友办重大喜庆的事，这样送礼，不如不送。

但是，礼物过重，又会使接受礼物的人很难接受，对上级、对同事则有受贿的嫌疑，对其他的人，除了爱占便宜的人以外，就会感到承受不起，将来还礼也还不起，很可能会婉言谢绝。若对方拒绝接受，你又已花钱买了，留之又无用，徒生许多烦恼。因此，礼物的轻重以对方能够愉快接受为尺度，如何轻重适度，则要根据自己的情况、对方的情况、你们之间关系的程度，以及为何事而送等来掂量。

给予他人，要慷慨地给予。然而，给予并非仅指钱财实物。只要能善于给予，那么慷慨给予人的东西就太多了：为别人奉献自己，牺牲时间，也是一种给予；为别人的幸运和成功而庆幸，也是一种给予。其实，你能送出的最大的礼物就是你的真心。礼物的价值和金钱毫不相干，关键在于你是抱着什么样的情感送礼物的。只要抓准送礼时机、认真包装礼物、用心写好卡片上的祝福语，你一定会带给受礼一方无尽的快乐。

应酬学专家告诉你

寻找礼物，挑选礼物，包装礼物，直到把礼物交到对方手中为止，整个过程都充满了乐趣。作为一种经历，一定会在接受礼物的人的记忆中留下不可磨灭的印象。有时可以敏感地抓住对方的所需，送给他一份无形的、永远保存在记忆里的礼物。

妙语让礼物更贴心

礼物作为人们感情交流的纽带，维系着交往者之间业已建立的或正在加强的联系。礼物本身无特定指向，送礼人通过特定的用语，使它有了特定的对象——受礼人。在这个过程中，寄蕴了送礼人的感情色彩，从而使五花八门、丰富多彩的礼品融会了送礼人的真挚与受礼人的感激，一条美好的纽带就成功地铺设起来了。

送礼者最尴尬的事，莫过于受礼者不愿接受礼品，或严词拒绝，或婉言谢绝，或事后奉还……怎样才能避免这种窘境？设计、选择好送礼用语，其重要性不亚于礼品与送礼场合的选择。

成功的送礼用语虽说得之偶然，似乎没有什么修饰痕迹，但也是有方法可循的。

首推“借花献佛”法。如甲身体欠佳，在家休养。同事乙想趁这个机会送些礼品表示慰问，又恐甲谢绝。乙买了东北特产“关东三宝”——人参、鹿茸、不老草，来到甲家。乙是东北人，对东北特产自然能说得头头是道。他对甲说，老家来了亲戚，捎来“关东三宝”，对身体虚弱、正在调养的人特别需要，这不，想到你，给你带上，算是“借花献佛”吧！甲原来是约法三章，不收单位同事任何礼品，如果知道乙是特意去买的，一定会拒之门外。但经乙这么一说，心想，是呀，盛情难却，人家又是来了老乡，见到“关东三宝”才想到我，拒绝的话太不近人情。于是，高兴地收下了这份礼品，两人的友好关系比以前加深了不少。

次为“暗度陈仓”法。甲爱喝名酒，酒量之大在单位中也是屈指可数的。乙想请他来家中叙叙吃顿饭，送两瓶茅台酒作为礼品，以加深友谊。乙知道，甲一般是不接受“家庭宴会”的邀请的。乙于是用“暗度陈仓”法发出邀请，对他说："有位朋友送我两瓶茅台酒，说是绝对正宗，你知道，我不会喝酒，更不会鉴别，不知你有没有空，帮我鉴别一下，顺便来寒舍小叙。"甲答应来看看。这样，乙达到了预定的目的：甲不仅前来赴宴，而且品尝了茅台，临走又接受了茅台酒的馈赠。

还有"烘云托月"法。甲与乙在工作中有些矛盾，发生了争吵，事后关系冷淡了下来。甲检讨这场风波，认为自己态度不够与人为善是风波的起因，因此想登门和解。正逢乙乔迁之喜，甲就联络一些同事，送了一套别致的餐具以作贺礼。那天很热闹，甲见到乙时，乙正因乔迁之喜满面春风，甲说："同事们来看看你的新居，我也凑份热闹，这点小礼物也许用得上，大家要我代表一下送给你。"乙哪有拒绝之理，两人握手言和，前嫌因此冰释。

最后是"移花接木"法。甲想请老同事乙办点事，他准备送点礼品给乙，但又知乙处世谨慎，不会轻易接受礼品。于是，他决定采用迂回的"移花接木"法。他的太太在美容厅工作，颇懂美容的道道，他让太太带着美容品到乙家串门，对乙的爱人说："听说你想去一回特级美容厅，甲让我上门服务来啦！她帮助乙的爱人设计了发型，一直做到她满意为止。临走时，还把美容品留了下来，指导她使用方法。第二天，乙对甲表示了由衷的谢意。后来，乙主动帮助甲办了本想请他办的事。

应酬学专家告诉你

送礼时语言要得体。平和友善、落落大方的动作伴着得体的语言表达，不但能表达送礼者的心意，而且让受礼方也乐于接受礼物。

好礼物还要会包装

从前有个楚国人到郑国卖珍珠，他用一种叫做木兰的香木制做了一个匣子，用肉桂、花椒等香料熏染，用珍珠和宝石来连接，用美玉来装饰，用翠鸟的羽毛来连缀。结果郑国的人买了他的匣子，却把里面的珍珠还给了他。

从某种意义上说，“买椟还珠”的故事充分说明了礼品包装的重要性，要想让礼品发挥魅力，必须重视礼品包装。送礼时若略加修饰就会令平淡无奇的礼品顿时显得精致起来，使收到礼物的人首先感到赏心悦目，以收到视觉上的效果。再则，精心的包装能使人感到情深意长，使对方感觉到他在你心中的重要地位。

然而，我们中大多数人一直在用我们买的礼品包装物来设计那种方便而世俗的包装，而且考虑得很不周全。其结果常常是向人传递这样的信号，即送礼者毫不经意地找了件礼品。而事实上，送礼者却是花了许多时间为受礼者挑选这么一件得体的礼品的。

擅长包装的人也擅长送礼物。虽然现在的礼品店都有包装礼品的业务，但自己设计的、别出心裁的包装可能更加富有创意，更能打动收礼人的心，收到更好的效果。包装并不是一件很难的事，只要了解了要点和基本方法，任何人都可以轻松地掌握。

挑选礼物送人当然希望通过礼物表达出自己的心意，但在包装时也要充分考虑对方的喜好，要充分考虑到礼物与接受方的整体感觉，如果风格相差太远会让礼物的魅力大大降低。

如果了解对方的喜好，就会马上知道该如何包装，如何搭配装饰物。

对于喜欢可爱图案的人，可以用可爱图案的包装纸和丝带；喜欢水珠图案的人，可以用水珠图案的包装纸；喜欢小动物图案的人，可以用卡通图案的包装纸。用对方喜欢的图案包装，接受方会一眼就明白你送了一份他非常心仪的礼物。

对于玻璃和餐具等易碎物品，需要用缓冲材料包装。为了保证糕点不变形，可以放在容易携带的纸盒中。此外，如果里面的物品与外包装的大小不吻合就会给人留下奇怪的印象。所以，选择与礼物搭配的包装和缓冲材料是赠送礼物的基本要求，稍稍花费一点儿时间认真包装礼物，就会让对方感到你是用心准备的。

如果在包装上表现出季节感，礼物就会给人留下深刻的印象。春天可以用清爽、明快的粉色和蓝色，夏天可以选用凉爽的蓝色和白色，秋天可以是鲜艳或深沉的颜色，冬天则是白色和圣诞色。在母亲节可以用红色搭配康乃馨，父亲节用代表父亲形象的蓝色和深绿色等庄重一些的颜色，情人节则可以用粉色或巧克力色包装。

对于丝绸等高档礼物，要选择能提高品位的高质量包装。如果是手工制作的礼物，为了突出手工制品的特点，可使用生活中的纸袋、麻绳等天然素材。如果礼物与包装和谐一致，就会产生很般配的效果。另外，还要注意两种颜色的包装纸与丝带的搭配问题。如果与礼物本身的颜色协调，那么当对方在打开礼物的一瞬间，一定会异常感动。

应酬学专家告诉你

除了专用包装纸，自己找来一些有创意的布料、壁纸、手绢包礼物，都能创造绝佳的效果。你所花的每一份心思和要表达的每一点心意，别人都会感受到。平时要下意识地多观察店员的包装方法，还要注意收集身边的特色包装材料。

送礼有禁忌

大凡送礼，无非图个吉祥，沟通彼此的感情。本意如此，你要是犯了送礼的“忌”，你就瞅对方的脸色吧，保证不让你“失望”，本来好端端的一件美事，让人心里觉得不舒服，真是“送者无意，收者有心”，这样不但达不到你所要表达的效果，还会弄巧成拙。

送礼的禁忌主要表现在礼品的数量、种类、包装、颜色等诸方面。在送礼时，不仅要考虑到礼品本身内含的种种禁忌，还应该充分考虑送礼的对象、场合、时间、送礼的语言以及送礼的一些礼节规范。

各个民族、国家对不同的礼品有着不同的象征意义，因而在挑选礼品时，要充分考虑到这些特点。举例来说，大家知道，在中国通常不把钟当作礼物送给别人，因为钟与“终”是谐音，给人送钟就有“送终”之嫌。所以一般人都很忌讳别人送钟，尤其是老人。

类似的习俗在西方也有。在西方，挑选礼品一般要注意三点：

一不选手帕送人。因为手帕总是同离别情绪联系在一起。在意大利，送手帕象征着情人离别、亲人离别。

二不送刀、剑或其他带有尖、刃的物品。因为这象征着友情或爱情的终结。如果一定要送此类物品，则必须向对方索取一枚硬币作为回报。

三不送伞。西方人很看重伞，对伞就像对待自己朋友那样。他们从不在室内打开伞，也不把伞作为礼物送人，自己也决不接受别人送的伞。

在日本，不能把梳子送人。因为日文中的梳子发音与“苦死”相同，意为极其辛苦。在日本，如有人不慎将梳子掉落在地上，不会有人去捡起来，捡梳子等于白捡苦吃。在日本比较豪华的饭店客房里，也很少摆梳子供旅客使用。

如果上述礼品的禁忌是同物品名称的谐音或物品本身某些用途的特征有关，那么有些物品的禁忌则是同该国或该区域的风俗相联系。

在欧美国家的风俗中，一般忌讳送服饰、香皂、内衣等。送这类物品，会被认为太涉及个人的私生活。欧美人尤其忌讳向妇女赠送内衣、香水，这被看做是很失礼的，除非夫妻、情人之间。在阿根廷，衬衫、领带之类的贴身用品也是从不送人的。此外，英国人对带有客人所在公司标记的纪念品不感兴趣，因此应避免送此类物品。

在东方，有些特定场合，送礼时间是很讲究的。如婚嫁喜庆，礼品可以事前送，或赴喜宴时当场送，但通常不在事后送。而丧事则只能在葬礼前送，不能后送，否则，丧家是不会接受的。对有些国家的人来讲，初次见面最好别送礼或别送重礼。如对法国人，初次见面就送礼，被认为是一种粗鲁行为；而与阿拉伯人首次打交道就送礼，会被认为是行贿；在英国，初次相识送礼过重，会被看做是一种居心叵测的行为。

在欧美国家，首次赴约，送礼可以不必考虑主人家庭的其他成员，通常只送一份礼品给相识的主人即可。若是和主人家庭很熟的客人赴约，除了给主人送礼外，往往还要给家庭其他成员准备礼品。但务必注意，在一些阿拉伯国家，客人绝不能单独给女主人送礼，也别送任何东西给已婚女子。这同伊斯兰教中的男子独尊地位有关。如在苏丹人家里做客，只能是男性参加，并且不能给主人的太太带礼物。

应酬学专家告诉你

值得注意的是，有些礼物的禁忌含有宗教意义，故应特别慎重。如伊斯兰教徒严禁偶像崇拜，诸如洋娃娃、人物雕像等外形类似于人的东西，是绝对不能作为礼物赠送给他们的。有些阿拉伯国家严格禁酒，因而千万别送酒类礼品。

“随份子”要量力而行

“这个月你随了多少‘份子’？”这是时下许多年轻上班族问候朋友的流行语。随着年轻人步入谈婚论嫁的年龄，为参加同学、同事婚礼而拿的“份子钱”，常常使年轻的上班一族入不敷出。

刚刚参加工作的王立平是一家文化辅导学校的老师，每月收入2000多元，频繁的“份子钱”使他经常入不敷出。他说：“最近一年来结婚的朋友特别多，平均每月都要准备三份礼金。扣除正常的生活开销，剩下的工资根本无法应付‘份子钱’。现在的生活是被迫‘节俭’”。

在一家保险公司工作的原娜说，按照现在的标准，普通同事结婚至少拿200元，关系好的大学同学得拿500元，如果是上司结婚还要更高。这样算来，有时拿出的礼金就占了月工资的一半。周围的一些朋友常常抱怨已经被“份子钱”压得喘不过来气，但遇到有朋友结婚时，哪怕再“囊中羞涩”，依然咬牙“慷慨解囊”。

“随份子”是中国人的传统，《红楼梦》中就有贾母张罗“凑份子”给凤姐过生日的情节。对现代人来说，无论出席亲友的婚礼，还是喝小孩子的满月酒，送红包无疑是必不可少的环节。但是，“份子钱”送还是不送、送多少、用什么形式送，都让人颇费斟酌。送对了，皆大欢喜；送错了，矛盾丛生。

其实在几年前，逢年过节或遇到谁家有喜事，多数人还是喜欢送礼品上门。现在之所以更多的人选择了“随份子”，一方面是觉得挑选礼品太麻烦，既费时间又费精力，而且对方不一定喜欢，“随份子”后对方可根据需要买适用的东西；另一方面是“随份子”之风盛行，大家互相攀比，也就没有人送礼物了。

其实“随份子”这件事，在东亚地区是比较普遍的。同属儒家文化圈的韩国人办喜事的风俗和中国人差不多，一般有亲友结婚的，都要出“份子钱”，现在通常最低标准是 3 万韩元，相比较韩国人一般 200 万到 300 万韩元的月收入来说，显然“份子钱”占月收入的比例还是比较低的，压力较轻。而西方人对东方人参加婚礼还要出“份子钱”的行为不太能够理解，他们一般是选择能够表达祝福心意的礼物，至于送什么礼物，也没有特别的规定。从中我们也能看出东西方社会文化的差异。

虽然婚礼、满月等是个喜庆事，但“凑份子”太多，太频繁，却会带来不少危害。就个人来说，容易使人产生厌倦和逃避社会交往的心理：首先，不掏钱，怕人际关系网络难以维系，被人看不起；掏钱，经济上难以承受。其次，就整个社会来说，容易产生斗富攀比的风气，喜庆之事失去了原本的意义，因此导致人与人之间的疏远冷漠。要改变这一现状，对随礼人来说，一定要摈弃攀比、从众的心理，从个人的实际出发，拿出最能表达自己祝福的贺礼。而对办喜事的人来说，最好不要指望从中赚钱，过分看重贺礼会削减喜庆的气氛，日后也会给自己带来还礼的压力，不妨事先提醒亲友礼金不必过多。

应酬学专家告诉你

“随份子”不只是一种社会现象，也正在成为一种交际方式。“随份子”简单易行，避免了过去人们转送礼品遇到的一些尴尬。但“随份子”要适可而止，量力而行，而精心挑选的礼物其实比现金更能表达送礼人的心意。

收到礼物该怎么做

一般情况下，对于一件得体的礼品，受礼人应当郑重其事地收下。大多数人都很幸运地接受过礼品，但接受过礼物的人并不是都能很优雅地接受别人的礼品。

当他人口头宣布有礼相赠时，不管自己在做什么事，都应立即中止，起身站立，面向对方，以便有所准备。在对方取出礼品，预备赠送时，不应伸手去抢，开口相问，或者双眼盯住不放，以求先睹为快。此时此刻，应保持良好的受礼风度。

在赠送者递上礼品时，要尽可能地用双手前去迎接。不要一只手去接礼品，特别是不要单用左手去接礼品。在接受礼品时，勿忘面带微笑，双目注视对方。接过来的若是对方提供的礼品单，则应立即从头至尾细读一遍。此时，对礼品赞不绝口是不够的，在双手接过他人礼品的同时，应向对方立即道谢。“谢谢你”三个字表明感谢的不是礼物本身，而是对方的一片心意。还可以找一些动听的话，或者令人开心的模棱两可的话来说。可以感谢送礼人所花费的心血，可以感谢对方为买到合适的礼品所付出的努力。接受礼物时要注意礼貌，但不要过于推辞，没完没了地说：“受之有愧，受之有愧。”这样很容易伤害到送礼者。

接受礼品后，欧美人喜欢当着客人的面，小心地打开礼物欣赏，从外包装夸赞到内包装，看见了礼物，也会好好地夸赞一番，高兴时甚至还会拥抱你一下，与送礼者共同分享收到礼物的喜悦。欣赏完礼物，他们会重新将礼物包装好，对他们而言，这才是一个完整的受礼礼仪。

而中国人在接受礼品时，一般不会当着送礼者的面把礼物打开，而是把礼品放在一边留待以后再看。这是为了避免自己万一不喜欢对方所送礼物时的尴尬,也是为了表示自己看重的是对方送礼的心意,而不是所送的礼品。

还有一点是,如果给不同地位的人赠送不同的礼物,当场不打开礼物可以避免相互之间的比较。但今天已不再这么刻板了, 如果现场条件许可,时间充裕,人数不多,礼品包装考究,那么,在接过他人相赠的礼品之后,应当尽可能地当着对方的面,将礼品包装当场拆封。这表示自己看重对方,同时也很看重获赠的礼品。在启封时,动作要井然有序,舒缓文明,不要乱扯、乱撕、乱丢包装用品,此时,撕破包装纸会被认为是粗鲁的举止,同时也是对赠送者的不尊重。当面拆开包装之后,要以适当的动作和语言,表示对礼品的欣赏。但请注意,结婚礼品是不可当场打开的。

应酬学专家告诉你

受礼方要领受送礼人所要表达的真情、礼物的象征意义,切莫估摸礼物的价值,更不可以以礼物的轻薄厚重来待人,以轻重厚薄分亲疏贵贱。出于真情送的礼物,哪怕很轻,轻如白纸,你也应当珍惜,因为只有对方才真正理解你。

适当回赠礼物

春秋时期，孔子在家收弟子开坛讲学，引起了鲁定公的重视，于是经常请孔子到宫中讲学。季府的总管阳虎特地去看望孔子，孔子借故不见他。他知道孔子最讲究礼尚往来，有一次他特意给孔子留下一只烤乳猪，终于得到了孔子的回访。

孔子说："礼尚往来。来而不往，非礼也。"一般情况下，为了加强联系，增进友谊，收到馈赠的礼品后，受礼人要答谢。在节日庆典时，可以在客人走时立即回赠。在生日婚庆、晋级升迁等时接受的礼品，应在对方有类似的情形或适当的时候再回赠。

当你决定给朋友回赠时，要根据对方的性格、志趣及所处环境，考虑周全，并且结合自己的经济能力，选择适当的礼物，作为回赠。

回赠的礼物与送者的礼物有同种含义：表达感情，增进友谊。切莫有对方送一，你必还二的机械做法。

回赠的礼品切忌重复，一般要价值相当，也可以根据自己的情况而定，但也不必每礼必回。

为了回赠对方满意的礼物，在接受他人的馈赠时，应留心记住礼物的内容，回赠时以选择类似的物品为宜，例如：对方送一套陶器用品，回赠时可选择同是陶器类的物品作为礼物。因为一般人在选择礼物时，无意之间会选择自己喜欢的物品。回送对方礼物时不妨参考对方所送的礼物，然后回送同一系列或同类礼物，将使对方产生"贴心"的感觉，并收意外之效。

如果礼物不是当面赠与的，而是用邮寄的方式送到的，或是由他人转送的，就要写一封感谢函，才是应酬之道。不论亲笔写封短笺或电脑打印的都可以，即使是一封电子邮件或是专门为此打个电话，也要比毫无作为好。

写感谢函时，口气听起来也要像当面道谢一般。内容应简短扼要，不要太长，但是要充满感情，有些词应该是特别提到的，如“美好的礼物”等。为舞会和晚餐所送的花篮不必写感谢信。如果确实很重要，那还是要写信表示感谢的。这时可以在一张正式的卡片上写道：“你真好——我喜欢它”，或“你不用这样——但它是令人感动的”。在这种情况下要注意避免“谢谢”的字眼。

如果同时收到很多礼物，也必须抽时间尽快回复，而且每一件礼物都应分开亲自致谢。如果是结婚贺礼则另当别论，送礼人心里都很清楚，受礼者双双度蜜月去了，所以不会期待你们在度完蜜月之前致谢。

如果送礼的人太多或时间太紧，不能及时给每位送礼者写感谢信，那么，可以给每位送礼者寄张明信片，表明已收到了礼物。这是万不得已的策略，稍后有空时仍应写封感谢信。

应酬学专家告诉你

对方赠礼是不求你回报的，它只表示对你们关系的一种肯定，如果你一定要送一件比你朋友所送你的礼物还贵重的，并不一定有好的效果。那种不顾自己的经济承受力，一味攀比的行为是万万不可取的。总之，送礼的目的是要送出一份真心。

送礼不要送出麻烦

赠礼和受礼并不是一件很简单的艺术。如果你送出了一份不该送的礼品,或在不适当的时间送礼,抑或是送了一件太昂贵、太便宜、太个人化或品位很差的不适当礼物,都有可能使受礼者困窘和苦恼,甚至还有可能破坏你们之间的情感。比如,男上司送女秘书一个大方的礼物——珠宝或皮货,或者当礼物与污秽的玩笑有关,送礼者料想必会好笑,结果却没有引起任何反应,或者送礼前没有经过探听,结果可能是送酒给一个不喝酒的人,把尺寸不符的衣服送给对方,送一件运动器材给一个不能使用的人等。

收到任何带有弦外之意的礼物,应该立即退回给寄件人,因为如果受礼者将礼物保留几天,送礼者就会认为该礼物被收下了。

比如有个漂亮的女秘书在她到任的第一个圣诞节, 收到老板送她的一只金脚环。附卡上写着:“我希望看到这只脚环戴在你美丽的脚上。”她把这个礼物重新包好, 把它放在老板的办公桌上, 并且附上一张便笺:“我希望看到这只脚环紧紧地戴在你那细小的脖子上。”后来秘书仍然继续做她的工作,而老板则再也没有骚扰过她。

拒礼的方法有三种:

一是直截了当地向赠送者说明自己之所以难以接受礼品的原因。在公务交往中拒绝礼品时,此法尤其适用。如拒绝他人所赠的大额现金时,可以讲“我们有规定,接受现金要算受贿的”。又如,拒绝他人所赠的贵重礼品时,可以说“按照有关规定,你送我的这件东西,必须登记上缴”。

有时拒绝他人所送的礼品,若是在大庭广众之下进行,往往会使受赠者有口难张,使赠送者尴尬异常。遇到这种情况,可采用事后退还法加以处理，即当时接受下来礼品，但不拆启其包装，事后尽快单独将礼品物归原主，时间一般在24小时之内。在退回时，记得附上一张便笺，上面写上退回的日期和方式，并且影印下来。你不需要解释退回该礼物的原因，这么写就够了："我觉得不便收这份礼物，所以我立即退回给你。"

如果送礼者不知道自己错在哪里，应当采用委婉的、不失礼帽的语言，向赠送者暗示自己难以接受对方的礼品。如，当对方向自己赠送复读机时，可告之"我已经有一台了"。

作为送礼者，如果你送的礼物被拒，或被退回之后你该怎么办呢？你千万不要表示不快，或者火上心头，让双方都不愉快。你应该做的是：要热情地向对方表述你的好意。要知道有些时候，对方是看你送礼物是否有诚意来决定收或不收的，就是说你要解除对方的疑虑，让对方理解你的好意，从而愉快地接受你的礼物。

应酬学专家告诉你

如果对方坚决不收礼物，你也不可以勉强对方，你要做的是静下心来，认真想想礼品被退回的原因，然后再思忖一下有没有良方加以弥补。

小小鲜花传心意

爱花是人类的天性。鲜花不仅以其绚丽色彩、绰约风姿与馥郁芳香给人以美的享受,而且还具有“情感色彩”和独特的美学魅力,是增进友谊、传递情感的联系纽带,在人际交往中起着“情感使者”的作用。在所有可用以馈赠的物品中,鲜花是最美丽、最纯洁并且最脱俗的礼品。因此,在社会交往当中,以花相赠是最可靠、最高雅的,而且最容易获得成功的送礼选择。经常送花给人,会使你的社交道路越走越宽广。

从花的形式看,可以分为花篮、花束、盆花、插花、饰花、花环和花圈。其中花束包装简单,适用范围最广。花篮适合开业、演出、大会、庆典和寿礼等。盆花适合于珍藏、植养和观赏,因此一般送给有闲情逸致、时间充裕的老年人、家庭主妇等。插花修剪精致,富有艺术欣赏价值,一般用来装饰室内空间或馈赠亲友。饰花是一种佩戴在身上的装饰品,一般用来送给亲密朋友。花环适合于戴在头顶、脖子或手腕上,一般赠与贵宾。花圈用来寄托哀思,只能用在丧葬仪式、祭扫场合。

用于馈赠的礼花,都应该是鲜活的。没有人用枯死的干花作礼花。因为收到干枯的礼花会让人联想到衰老、失败、死亡等不吉利的事情。当你不能确定究竟选送什么品种、什么颜色的鲜花,并且身边也没有人能够指点你的时候,最好的方式是选用多色彩、多品种的花束。这样的花束寓意最广,一般不会引起对方的误解。

送鲜花,必须懂得“花语”,懂得各种鲜花中蕴含的不同情义,因为人们已经把鲜花的不同品质人格化了。例如,玫瑰花表示热烈的爱情和纯洁的友谊;郁金香表示名贵和挺拔秀丽;水仙花、荷花、百合花表示圣洁、高雅;兰花被誉为德高望重,有君子之风;牡丹、芍药是富贵吉祥、繁荣幸福的象征；山茶花、石榴花代表火红年华、前程似锦；梅花是战严寒、傲冰雪、坚强不屈、独步早春的象征；文竹、罗汉松、万年青、君子兰等常青盆景则表示健康长寿。

人们还应该根据不同的场合和需要，选用适当的花卉作礼品。应邀参加亲友的婚礼，以送玫瑰花、月季花为主，以示祝贺，祝愿新郎新娘白头偕老，永结同心。如果专为新娘准备的鲜花，则应以康乃馨、郁金香为主，再配上数条飘逸的鱼尾草，据说，这样将会使新娘更加美丽。亲友生日，选送鲜花时，应考虑不同的年龄层次。如青年人的生日，应送玫瑰花、月季花；中年人的生日，应送菖蒲、茶花等；老年人的生日，多取含意久远的常青花木，如送文竹、万年青、兰花、君子兰、小榕树、罗汉松等盆景。新春佳节走访亲友赠花，要考虑到有祝其喜庆吉祥之意，常选用金橘、水仙、百合、状元红、万年青、吉祥草等，表达美好的祝愿。

送花也有一些忌讳。比如菊花在任何欧洲国家以及日本，都只用于葬礼，它代表着哀伤，不宜送人。在法国，黄色的花象征夫妻间的不忠贞。对英国人来说，白色的百合花表示死亡。而去德国人家里做客，千万不能送玫瑰花，因为它表示你暗恋着女主人。

应酬学专家告诉你

送花，给人以浪漫含义之外的纯洁性。对接受人来说，不论任何季节任何时刻，收到花都是件很快乐的事。因此，建议大家更广泛地接受送花的做法。在实物礼品外点缀一束鲜花，是充满诗情画意的艺术性的表达。

商务馈赠有原则

在商业社会,“利”和“礼”是连在一起的,往往是“利”、“礼”相关,先“礼”后“利”,有“礼”才有“利”,这已经成了商务交际的一般规则。因而,商务公关送礼成了当今社会的重要部分。

商务活动中互赠礼品本身就是一笔大生意。礼品的选择传递着权势、世故、知识和兴趣等信息,它既可改善也可损害公司的形象。从赠送给董事会主席的礼品到广告用礼品,这类商业礼物的选择和赠送可不是件轻松的事。

美国的公司每年花在商务往来上送礼的费用高达40亿美元。赠送商业礼品,礼品不在大小,贵在让客户明白你心中有他。要既使公司表达了谢意,又不至于使接受礼品者尴尬。人们最常买的商务往来礼品是钢笔、台历、袖珍计算器,这类礼品上均有公司的标记。其他一些选择有钟表、酒类、日记本、玻璃杯、夹克上衣、T恤等。最近的一次调查显示,在赠送商务礼品的美国公司中,有47%的回答是“有效果”或“很有效果”,另外39%认为至少“有点效果”,只有2%认为送礼毫无益处。

现在,很多大公司在电脑里有专门的储存,对一些主要关系公司、关系人物的身份、地位以及爱好、生日都有记录,逢年过节,或是合适的日子,总有例行的送礼活动。

越来越多的公司认识到商务活动中送礼不仅是做广告,也是相互交流的一个重要方式。很多人认为,赠送礼品主要是向客户表示感谢,使已有的关系得到进一步加强。精明的公司经常在客户定期购货后,与客户共进午餐或晚餐,或者是在其他活动结束后,给客户赠送礼品。商业礼品能起到广告宣传作用,达到感谢目的,同时又巩固、加强了公司与客户之间已有的良好关系。

商务送礼其实已成了一种艺术和技巧，从时间、地点一直到选择礼品，都是一件很费人心思的事情。一位职业经理人的话很具有代表性：我认为商务送礼的有效性是建立在礼品对接受者的用处上。如果赠送的礼品打破了桌面的整洁，或是根本没有用，可能会有负效应。如果所赠送的礼品经常用得着 顾客就会经常想着赠送者或赠送礼品的公司。

商业礼品是一种有目的的广告和促销手段，与大众媒体广告不同。公司无论大小，都期望他们所赠送的礼品被视为具有私人性质。要确保赠送礼品的计划能够达到预期的目的，这包括选择对象，根据不同对象决定何种礼品，是否在礼品上刻上名字，何时以何种方式分发礼品等。

究竟如何赠送商务礼品，要把握以下原则：根据不同的受礼品者选择不同价值的礼品；根据受礼品者的趣味不同，精心挑选礼品；选择最佳赠送礼品的时机，给人留下更深的印象；赠送的礼品要品质优，适用性强，经久耐用；最好让礼品更具有私人性、专一性；礼品的包装要精致美观，吸引人；如有可能，亲自或者派人专门分发礼品；根据礼品用途选择不同的赠送场合，如供家庭用的礼品最好送到接受者家里，而不要送到办公室。

应酬学专家告诉你

逢年过节都是送礼的热季，此时可向公司的重要客户、业务往来者以及公司内部的员工，适时地送上一份小小的礼品，对他们一年来或一段时间内给予公司工作的关心与支持表示感谢，并希望继续得到他们的帮助。

第六章
塑造完美的形象

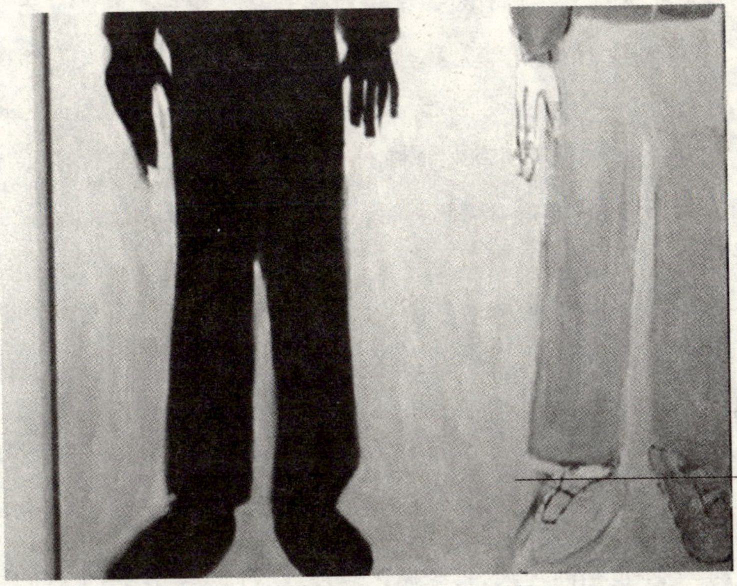

应酬要在意个人形象

2005 年英国大选，执政的工党在民意调查中保持领先。很多人认为这是工党执政期间经济增长稳定、失业率低的功劳，但许多专家认为这其实与工党领袖布莱尔首相的头发有很大的关系——在政治主张区别不大的情况下，领导人的形象往往能决定选票的流向。

英国资深政治记者纳森·迈特兰德就分析道："英国主要政党对国家重大政策的立场大同小异。在这种状况下，越来越多的选民只能依照本能来投票。最新的民意调查显示，在 80 万关键的游离选民中，60%的人表示领导人的形象决定了他们选谁。"

回顾英国的历届选举，这种看似荒谬的说法却与事实"不谋而合"：2001 年布莱尔对黑格，青丝胜过秃顶；1997 年布莱尔对梅杰，黑发战胜白发；1992 年梅杰对秃顶的基诺克，后者虽被誉为"本世纪英国最杰出的政治家之一"，但还是输给了满头白发的梅杰——自丘吉尔战胜了比他头顶更秃的工党党魁阿特利之后，任何一位没有头发的竞选者都没能入主唐宁街。

事实上，形象对政治人物的重要性并不仅仅体现在英国，一项研究显示，在美国，有头发的人当选为议员的可能性比秃顶高出 4 倍。因此，迈特兰德不无戏谑地建议政治家，"忘记健康、教育和交通问题，多花点心思在你们的头发和牙齿上"。

在人类跨入 21 世纪的今天，形象越来越成为人们生存发展的决定性因素之一，形象制胜已经成为历史发展不可逆转的强大趋势。尤其是在实力均衡的条件下，在激烈的竞争中主要依靠形象制胜。

形象对个体的凝聚力而言，主要表现为其吸引他人关注、信任、支持的程度。科学研究的结果表明，个人感受到的对方仪表的魅力同希望再次与之见面的相关系数远远高于个性、兴趣等同等的相关系数。在社会交往活动中，人的外表形象往往会起潜移默化的微妙作用。一般来说，仪表美是心灵美的外在体现，仪表美是对生活的热爱，是对社会和他人的尊重。端庄、美好、整洁的仪表，能使对方产生好感。

塑造良好的个人形象，首先应做到保持仪表整洁。一个有教养的人，绝不会不修边幅、蓬头垢面。面部是一个人最突出的代表部分，面容是否洁净，皮肤是否保养得当，看上去是有生气、有光泽，还是灰暗、死气沉沉，都直接关系到他人对你的印象。头发常常没有像面容那样受人重视，但假如你希望改善自己的形象，就应把头发作为重要环节来考虑。注意不要让你的上衣和肩背上落有头皮屑和掉落的头发，因为那样就会给人一种不整洁的感觉。有了光洁的面容，整齐的头发，还要注意手的清洁。如果伸出的一双手很脏，那美好的形象一下子就没了。口腔卫生也是个人仪表整洁的重要内容之一，主要应注意口中有无异味。与人交谈时，如口中散发出难闻的气味，便会使对方很不愉快，自己也很难堪。

身体异味是令人反感的。如果有狐臭的毛病，应及时治疗或使用药水；经常洗澡，勤换内衣，可以减小或防止身体异味。

服饰穿戴在任何情况下都应保持干净整齐，注意衣领袖口或其他地方有无污渍。服装应是平整无皱折的，扣子齐全，不能有开线的地方。内衣外衣都应勤洗勤换，保持洁净状态。此外，对鞋袜要像对衣服一样重视，不能衣服漂亮而鞋袜污脏，皮鞋应保持鞋面光亮。

应酬学专家告诉你

要求仪表简约，就是在整理、修饰仪表时，要力戒雕琢，不搞烦琐；力求简练、明快、方便、朴素；要求端庄斯文，不花哨、轻浮、小气。

人靠衣裳马靠鞍

美国的心理学家雷诺·毕克曼做了一个有趣的实验。他在纽约机场和中央火车站的电话亭里,在任何人都可以看到的地方,放了一枚10美分的硬币。等到有人进入电话亭,大约2分钟后,他就敲电话亭的门说:“对不起,我在这里丢了一毛钱,不知道你有没有看到?”结果当他衣着整齐时,有77%的人退还了硬币,而衣着寒酸时只有38%的人这样做。

在随后的调查中,心理学家发现,电话亭里的人在被服装整齐的人询问时,可能会察觉此人可能跟自己说了很重要的话;而面对衣着寒酸的人,因为在不想接触的念头下,不想去理会对方的问题,所以根本没有听清楚他说的话,就开口回答“不”,企图赶走对方。

一个人的外貌是天生的,虽然整容技术已经比较成熟,但是大多数人还是不会改变自己自然的容貌。除了容貌,得体的穿着也会给人以良好的印象,它等于在告诉大家:“这是一个重要的人物,聪明、成功、可靠。大家可以尊敬、仰慕、信赖他。他自重,我们也尊重他。”心理学认为,这是人在认知他人身份时的“刻板效应”在起作用。普通人认为,服装质量反映出一个人的经济状况,又反映出他的能力;能干的人经济状况不会太差,服装就不可能太糟。

衣冠不整,蓬头垢面让人联想到失败者的形象,而完美无缺的修饰和宜人的体味,能使你的形象大大提高。有些人从来没有真正养成过一个良好的自我保养的习惯,这可能是由于不修边幅的学生时代留下的后遗症,或者他们对自己的重视不够造成的。你在家里当然可以随便穿着,但是外出时就要注意自己的形象。如果你随时注重自己的形象,就能很快形成良好的修饰习惯。

当然，穿着得体并不是必须依靠昂贵的服装，有许多大公司对雇员的装扮都有"规格"，这些规格自然不是指要穿得怎么好看或用何种衣料，而是"观感"的水准。外表整洁才是最重要的要求。

整洁的习惯可以反映出一个人勤奋、上进，让人喜悦的面貌。内衣一定要卫生清洁。衬衣、袜子是最容易脏的。尤其是衬衣，人们最注意它的领子、袖口是否干净。如果一套笔挺的西装，里边却有一个肮脏的衣领，人们一定不会感到舒服。袜子也是一样，你坐着与人谈话时，脚会不自觉地伸出去或翘上来，袜子也就会暴露在人前，如不干净、不整齐就会让人反感。头发、牙齿和胡子也是应该经常清理的部分。头发一定不要过长，要按时理发，使自己的头发保持一个最佳的状态。胡子要经常刮，牙齿要经常刷，口中不要有异味。认真苛求地对待自己的外表，也是你对他人的一种尊重。

应酬学专家告诉你

着装不能简单地等同于穿衣。它是着装人基于自身的阅历修养、审美情趣、身材特点，根据不同的时间、场合、目的，力所能及地对所穿的服装进行精心地选择、搭配和组合。

着装的"TPO"原则

有一篇报道，说某市一重要招商引资项目，在市领导和外商进行会谈后，未果。几经打听，方知外商因为中方领导穿夹克衫出席会谈，认为是对自己的不敬重，故而取消了投资。中方领导听后大呼冤枉，说："我精心选择了一件最好的夹克衫，还是鳄鱼牌的呢！"

这位领导其实一点儿也不冤枉，他错在违犯了TPO原则。TPO分别是英语中Time、Place、Occasion三个单词的编写字头，意思是时间、地点、场合。TPO原则，是指人们选配和穿着服装时必须考虑时间、地点和场合这三个基本因素。人们不能想象一位五星级宾馆的公关小姐穿着套头T恤加牛仔裤立于大门旁迎接宾客的情景，也不能想象一位身着考究礼服的公关先生参加盛夏的郊游活动时的心理感受。只有当服饰遵循了TPO原则的时候，它才是合乎礼仪的，才能够给公众以可敬、可信、可亲的心理效应。

服饰的时间原则，一般包含三个含义。第一个含义是指每天的早上、日间和晚上三段时间的变化，第二个含义是指每年的春、夏、秋、冬四季的不同，第三个含义是指时代间的差异。通常来讲，早上、日间安排的活动户外居多，穿着可相对随便；而晚间的宴请、听音乐、看演出、赴舞会等一般则比较正规，并由于空间的相对缩小和人们的心理作用，往往对晚间活动的服饰给予更多的关注和重视，拘泥的礼仪也就相对严格。除了一天的时间变化外，还应考虑到一年四季不同的气候条件的变化对着装的心理和生理的影响。夏天的服饰应以简洁、凉爽、大方为原则，拖沓累赘的装饰，会使周围的人产生闷热、烦躁的感觉，自己也会因为汗水渍渍而显得局促不安。尤其是女性，汗水还会破坏面部的妆容。冬天的服饰应以保暖、轻快、简练为原则，穿着单薄会使人因寒冷而面色发青，嘴唇发乌，甚至出于本能缩肩佝背，以致无俊美可言。还有就是要顺应时代的潮流和节奏，过分复古（落伍）或过分新奇（超前）都会令人关注，并与公众拉大心理距离。

服饰的地点原则实际上是指环境原则。不同的环境需要与之相协调的服饰。豪华宾馆铺着丝绒地毯的会客室与陈旧简陋的会客室，穿着同一套服装得到的心理效果应会是截然不同的。同样，在高贵雅致的办公室，在绿草丛生的林阴道，或在曲折狭窄的小巷里，穿戴同样的服饰给人的感受也会因人而异，或是给人身份与穿着不相配的感觉，或是给人呆板的感觉，或是显得华而不实……凡此种种不快的感觉都是十分有损公关人员形象的，而避免它的最好办法就是“入乡随俗”。

服饰的场合原则就是指服饰要与穿着场合的气氛相和谐。参加庄重的仪式或重要的典礼等重大公关活动，着一套便服或打扮得花枝招展，会使公众感觉你没有诚意或缺乏教养，而从一开始就对你失去信心。一般说，公关人员应事先有针对性地了解活动的内容和参加人员的情况，或根据往常经验，精心挑选和穿着合乎这种特定场合气氛的服饰。记住永远穿得比周围的人稍微考究一点，精神一点，时尚一点，那么，你的服饰与场合气氛的融洽和谐程度就会比别人高一筹。

应酬学专家告诉你

英国文学家司各特曾说：如果有谁故意不遵守甚至破坏上流社会的某些清规戒律还是可以原谅的话，那对这些细小的“规矩”的懵然不知则一定会遭到嘲笑，甚至不可原谅。从来是牛仔裤加破毛衣打扮的比尔·盖茨受英国女王接见时，也得体地西装革履。

男士西装穿着规范

西装有单件上装和套装之分，套装又分两件套和三件套。如果是三件套西装，在很正式的场合不可脱下外衣。一般非正式场合，如旅游、参观、一般性聚会等，可穿单件上装配以各种西裤，也可视需要和爱好，配以牛仔裤或休闲裤。半正式场合，如一般性会谈、访问、较高级会议和白天举行的比较隆重的活动时，应着套装，但也可视场合气氛在服装色彩图案上大胆一些，如花格呢、粗条纹、淡色的套装都不失为恰到好处的选择。但在正式场合，如宴会、正式会谈、正式典礼及特定的晚间社交活动时，必须穿着颜色素雅的套装，以深色、单色最为适宜，花格、五彩图案的选择是不合时宜的。1983 年 6 月，前任美国总统里根出访欧洲四国时，就曾因穿了一套格子西装而引起一场轩然大波，因为按照惯例，在正式的外交场合应穿黑色礼服，以示庄重。

西装的纽扣除实用功能外，还有很重要的装饰作用。西装有单排扣和双排扣之分。单排扣又有单粒扣、双粒扣、三粒扣之别。在非正式场合，一般可不系扣，以显示潇洒飘逸的风度，但在正式场合，要求将实际纽扣的单粒扣、双粒扣的第一粒和三粒扣的中间的一粒扣上；而双粒扣的第二粒和三粒扣的第一、三粒都是样扣，不必扣上。双排扣则有四粒扣和六粒扣之别，上面的两粒或四粒都是样扣，不必扣上。

西裤作为西服整体的另一个主体部分，要求与上装互相协调，以构成和谐的整体。西裤立档的长度以裤带的鼻子正好通过胯骨上边为宜，裤腰大小以合扣后伸入一掌为标准，裤长以裤脚接触脚背最为适合。西裤穿着时，裤扣要扣好，拉锁全部拉严。西裤的裤带宽度一般在 2.5 ~ 3 厘米较为美观，裤带系好后留有皮带头的长度一般为 12 厘米左右，过长或过短都不合美学要求。

穿西服，衬衫是个重点，颇有讲究。一般来说，与西服配套的衬衫必须挺括、整洁、无皱褶，尤其是领口。西装穿好后，衬衫领应高出西装领口1～2厘米，白领露出部分与袖口露出部分应呼应，可有匀称感。在正式场合，不管是否与西装合穿，长袖衬衫的下摆必须塞在西裤里，袖口必须扣上，不可翻起。不系领带时，衬衫领口可以敞开；如系领带，应着有硬衬领的衬衫，领围以合领后可以伸入一个手指为宜。衬衫袖长应比西装上装衣袖长出1～2.5厘米，这样可以避免西装袖口受到过多的磨损。用白色衬衫衬托西装，显得更干净、利落，活泼有生气。夏季着短袖衬衫时，一般也应将下摆塞在裤内，但着无衬软领短袖衬衫例外。

领带是西装的重要装饰品，在西装的穿着中起画龙点睛的作用，在正式场合都应系扎领带。领带选用丝质的为上乘，使用最多的是斜条图案领带。领带的扎法也很有讲究，一般是扣好衬衣衣领后，将领带套在衣领外，然后将宽的一片稍稍压在领角下，抽拉另一端，领带就自然夹在衣领中间，而不必把领子翻立起来。扎系领带必须保证领带的绝对干净，其结要工整，如果脏污、旧损或歪斜松弛，不如不扎好。因为扎系领带是为了进一步表明精神、尊严和责任。领结是系领带最重要的部分，各种不同的系法可以得到不同大小形状的领结，可视衬衫领子的角度选择你所喜欢的领带系扎方法。领带的宽度不宜过窄，应与人的脸形及西装领、衬衫硬领的宽度相协调。

应酬学专家告诉你

正确选用西装、衬衫和领带后，应注意三者间的和谐搭配。按一般规律，深色西装配穿白色衬衫，这一直都是最合适的搭配。如果杂色西装，配以色调相同或近似的衬衫，结果也可能不坏。但带条纹的西装不可配以方格的衬衫，反之亦然。

职业女性着装的艺术

有一则办公室小幽默是这么讲的：

某公司电话总机小姐，每天套装、丝袜、高跟鞋，穿得极其隆重正式，同事觉得她太一本正经。她说："难道你不知道，公司的'总'字辈，除了总经理，就是我吗？"

职业女性的着装、仪表必须符合她本人的个性、体态特征、职位、企业文化、办公环境等等，不应该一味模仿办公室里男士的服饰打扮，要有一种"做女人真好的心态"。女性的穿着打扮应该灵活而有情趣，要学会化妆和搭配衣服、鞋子、发型、首饰，使之完美和谐。最终被别人称赞，应该夸你漂亮而不是说你的衣服好看或鞋子漂亮，那只是东西好看，而不是穿着好。

职业女性着装首选庄重大方，衬衫款式以简单为宜，与套装配衬，可以选择白色、淡粉色、格子、线条等变化款的衬衫。着装整体色彩上，可以考虑灰色、深蓝、黑色、米色等较沉稳的色系，给人留下干练朝气、充满亲和力与感染力的印象。此外，也可选择白色。考虑到职业女性一天近 8 小时面对公众，必须始终保持衣服形态整洁的缘故，因而，应当尽量选用那些经过处理、不易起皱的丝、棉、麻以及水洗丝等面料。

从事保险、证券、律师等行业的女性，着装的原则是专业形象第一，女性气质其次，在专业及女性两种角色里取得平衡，这就要求着装要成熟含蓄。不同质地和剪裁的西服西裤，能穿出不同的感觉。总的来说，西服和西裤的搭配，显得成熟稳重，帅气潇洒，自由豪迈。连衣裙适合身材窈窕的女性。常见的连衣裙款式类似套裙，长度或长或短，没有太多的限制。

露肩的黑色连衣裙，长度及踝，流畅而华丽的线条，令身体的美无言地展示。神秘的黑色适合成熟含蓄的女性。穿着这样的服装可以出席比较多的场合。优雅利落的套装，给人的印象是井然有序。至于颜色，当然还是以白、黑、褐、海蓝、灰色等基本色为主。若嫌色彩过于单调，不妨扎条领巾，或在套装内穿件亮眼质轻的上衣。

职业女性的穿着除了因地制宜、符合身份、清洁、舒适外，还须记住以不影响工作效率为原则，才能适当地展现女性的气质与风度。例如女性的衣着太暴露，容易让男同事不知所措，同时自己也会瞻前顾后，如此会影响自己的工作效率。因此，职业女性的上班服应考虑流行元素但又得不损及专业形象。原则是“在流行中略带保守”，太薄或太轻的衣料，会有不踏实、不庄重之感。衣服样式宜素雅，花色衣服则应挑选规则的图案或花纹，如格子、条纹、人字形纹等。

许多职业女性的着装是简单中的优雅，舒适中的休闲，但简单的服饰可造就不简单的女人。白色或者深蓝色细格的棉质衬衫，修身的设计，半透明的质感，内衬白色吊带背心，简约和性感混合在一起。穿这样的衣服，令你的人气大增。

鞋的颜色必须和服装的颜色相配，总之有一个原则：“鞋子的颜色必须深于衣服颜色，如果比服装颜色浅，那么必须和其他装饰品颜色相配”。

职业女性希望表现的是她们的聪明才智，能力和经验等，所以要戴首饰就必须得佩戴简单的首饰，不要带摇摆晃动的耳环或一走路就会发出声响的项链，这样对专业形象的杀伤力极大。

应酬学专家告诉你

女人聪明的天性以及对美丽的极度敏感，使她们能够轻而易举地将流行元素融进枯燥沉闷的上班服饰中。时尚无需复杂，一双华丽斑斓的凉鞋、一只绣有花朵的背包，都可成为将职业装穿出流行感觉的点睛之作，职业形象也能带出甜蜜的感觉。

女性化妆的技巧

就在全世界领导人就全球经济衰退问题齐聚达沃斯之际，英国中央银行的员工们却在讨论一个截然不同的话题——口红。

在英国央行总部举行的“穿出成功”活动中，形象顾问建议央行的女性雇员“稍稍化妆，即使只是涂些口红”。没想到这引起了一些女权主义团体的抗议。比如“福西特协会”的董事凯瑟琳·雷克就抱怨说，为女性制定这样的标准违反了机会均等原则。

而另外一些人则没那么偏激。比如英国著名猎头公司 Whitehead Mann 的合伙人玛丽·斯皮兰认为：“对女性而言，在任何情况下，化妆都是一个令自己看起来或感觉更漂亮、更自信的绝佳方法。”

一项调查显示，当 152 名男性和 171 名女性对 4 名女性化妆后和未化妆的照片进行评价时，他们的反应表明，化过妆的女性被认为更具自信，并预计比那些未化妆的女性有可能收入更高，从事着更好的工作。

女性在交际应酬前精心地化妆，不仅是对别人的尊重，也是对自己的尊重。但是很多普通女性掌握不好化妆的分寸，不是化得浓了，就是化得淡了，而且费时不少。造成这种现象的原因是很多女性分不清办公化妆与日常生活化妆的差别。

日常生活的化妆目的是按个人的意愿、个人的审美情趣，用化妆手法进行自我塑造，它具有极大的随意性和选择性。生活妆要讲柔和，追求自然美。成功的生活化妆不宜过多地流露化妆的痕迹。而职业女性的办公化妆则要在容貌的基础上，着意从形和色上给予适度的艺术夸张，以表现秀丽、典雅、干练、稳重的形象。总之，办公化妆受到办公室环境的制约，它必须给人一种责任性、知识性的感觉。

选用合适的底色是化妆的基础。底色选择的目的是将肤色自然的美感充分表现出来，因此粉底的选择是以自己的肤色为基础，底色稍明或稍亮，在自然光的照射下，会显现得较为漂亮，但在办公室的荧光灯下会显得不健康。尤其底色涂抹过厚，会让你的上司感到你整日藏在一副面具后。均匀地涂抹定妆粉，保证面部无油腻感，又不失透明度，让面部更干净、清爽。

办公妆的色彩组合，既不过分炫目、刺激，也不过分含混模糊，应在视觉生理和心理上给人一种和谐、舒适、悦目、满足的美感。生活化妆一般为淡妆，用色要单纯、自然，应选用同类色(原色)相调和，类似色相调和。办公妆的颜色应以暖调为主，为使肤色更明亮，应选择粉红或橙红，而冷调的玫瑰色带给人夜生活感，在办公室不合适。较浓的眼影在办公室也是不适宜的，使用红茶色作眼线使人感到亲切，尤其是下眼线，切忌用纯黑色。眉毛的形态可以说是左右办公妆印象的关键，因为眉毛可以使人的面部表情发生变化。眉过细，眉向下，都给人不可信的感觉。在画眉时，尽量避免过于女人味，稍粗重些的眉毛会使你看上去很能干，眉峰尖锐显得精明、果断。

让唇角显得圆润，唇形显得小巧，是精美的唇妆，色彩自然是关键。颜色过暗、过艳，唇形夸张都不适合办公室环境。粉色系、橙色系，无论在哪一个办公室都会被人喜欢的。唇妆像眼线一样可以体现立体感，上下唇角要用唇线勾画，中间涂上口红，千万不要满唇涂上亮光口红，那样会使人怀疑你的审美能力，进而对你的工作能力也持怀疑态度。

应酬学专家告诉你

职业女性化妆需要保持谨慎，以便在性感和庄重间维持一种平衡。金棕色系是比较好的选择，既显得时尚又不张扬。在办公室，人们记住的应该是你提出的观点，而不是你口红的颜色。

发型要因人而异

有一个关于发型的小笑话。

甲:我把头发扎高一点儿怎么样?

乙:嗯——,像个小蒜头。

甲:给点儿鼓励行不行?

乙:是个可爱的小蒜头。

甲:给点儿好听的行不行?

乙:是个漂亮的小蒜头。

甲:给点儿赞扬行不行?

乙:是世界上最美丽的小蒜头!

无论怎么夸奖,甲的发型就是像个可笑的小蒜头,说明这个发型不适合她。

头发是个人形象的一个重要组成部分,在正常情况之下,人们观察一个人往往是“从头开始”的,发型经常会给他人留下十分深刻的印象。

发型首先要与脸型相符合。人的脸型一般可分为8种,其中鹅蛋脸属标准型,可以做任何发型。因此,发型设计的目的之一是要利用巧妙的头发整型与安排,克服头型的缺陷,产生椭圆形头型的效果。设计发型时应仔细研究顾客的头型,然后用一张椭圆形图加在上面,哪边有扁平现象,就应该调整哪边头发的厚度,以补足该区域。当然,这并不意味着所有的发型设计都应是椭圆形,也可根据不同的头型设计出多种时髦的发型。

圆形脸的人将头发安排在头顶,用前刘海盖住双耳及一部分脸颊,即可减少脸的圆度。方形脸类似于圆形脸,其发式应遮住额头,并将头发梳向两边及下方，并可以烫一下，造成脸部窄而柔顺的效果。梨形脸需要保持头发覆盖丰满且高耸，分出一些带波浪的头发遮住额头，头发以半卷或微波状盖住下级线，造成宽额头的效果。长形脸可适当用刘海掩盖前额，一定不可将发帘上梳，头缝不可中分，尽量加重脸型横向感，使脸型看上去圆一些。钻石形脸要增加上额和下巴的丰满度，让头发贴近颧骨线，可创造出鹅蛋形脸的效果。心形脸可将中央部分刘海向上卷起或倾斜地梳向一边，在下级线加上一些宽度。不规则形脸可以选择适当的发型掩饰其缺点，采用柔和的盖住突出缺陷的发型，造成脸部两边平均的效果。

另外，脖子粗而短的人，在额头使用倾向刘海，发顶梳高，造成长度的效果，两边梳成波浪显得修长，平滑贴头的颈线强调了背视及侧视修长的效果。脖子长的人则适宜用柔和的发波和卷花盖住脖子，头发应留到颈部，避免发型高过颈背。

选择发型要与性别和年龄相符合。男士应尽可能避免留长发或者某些时髦新潮的奇特发型，最好也不要留光头，不把头发染成过分鲜艳扎眼的颜色。女士的发型虽然并不拘泥于短发和直发，但也应注意要相对保守一些，不能过分张扬和花哨。年长者要求简朴、端庄、成熟、稳重，因此，比较适宜大花型的短发或盘发，给人以温和可亲的感觉。而年轻人则要注重整洁健康、美丽大方、新颖别致，比较适宜盘发、扎辫子。

应酬学专家告诉你

头发梳洗要勤。一定要洗净、理好、梳整齐。尤其是参加重要应酬之前，一定要进行一次洗发、剪发、梳发，这是礼仪规范的最基本要求。

如何坐得高雅

对坐姿的要求是“坐如钟”，即坐相要像钟那样端正稳重。端庄优美的坐姿，会给人以文雅稳重、自然大方的美感。

坐姿的基本要领是，入座时走到座位前，转身后把右脚向后撤半步，轻稳坐下，然后把右脚与左脚并齐，坐在椅上，上体自然挺直，头正，表情自然亲切，目光柔和平视，嘴微闭，两肩平正放松，两臂自然弯曲放在膝上，也可以放在椅子或沙发扶手上，掌心向下，两腿自然弯曲，两脚平落地面，起立时右脚先向后收半步然后站起。

一般来说，在正式社交场合，要求男性两腿之间可有一拳的距离，女性两腿并拢无空隙。两腿自然弯曲，两脚平落地面，不宜前伸。在日常交往场合，男性可以跷腿，但不可跷得过高或抖动；女性大腿并拢，小腿交叉，但不宜向前伸直。

就座正确与否，亦能体现出落座者是否具有修养。若是走向他人对面的座椅落座，可以用后退法接近属于自己的座椅，尽量不要背对自己将要与之交谈的人。为使坐姿更加正确优美，应当注意，入座要轻柔和缓，起立要端庄稳重，不可弄得座椅乱响，就座时不可以扭扭歪歪，两腿过于叉开，不可以高跷起二郎腿。坐下后不要随意挪动椅子，腿脚不停地抖动。女士着裙装入座时，应用手将裙装稍稍拢一下，不要坐下后再站起来整理衣服。

正式场合与人会面交谈时，身子要适当前倾，10 分钟左右不可松懈，不可以一开始就全身靠在椅背上，显得体态松弛。就座时，不可坐满椅子，但也不要为了表示过分谦虚，故意坐在边沿上。坐势的深浅应根据腿的长短和椅子的高矮决定，去拜访长辈、上司、贵宾时，自然不宜在落座后坐满座位。若是只坐座椅的一半，那么对对方的敬意无形中溢于言表。这是利用坐姿来表示对他人的敬意的重要做法。

坐沙发时，因座位较低，要注意两只脚摆放的姿势，双脚侧放或稍加叠放较为合适。避免一直前伸，要控制住自己的身体，否则身体下滑形成斜身埋在沙发里，显得懒散。更不宜把头仰到沙发背后去，把小腹挺起来。这种坐相显得很放松，又极不雅观。坐在椅子上同左或右方客人谈话时不要只扭头，这时尽量侧坐，上体与腿同时协调地转向客人一侧。

座位高低不同时，坐姿也有不同要求。

低座位要轻轻坐下，臀部后面距座椅背约 2 厘米，背部靠座椅靠背。如果穿的是高跟鞋，坐在低座位上，膝盖会高出腰部，应当并拢两膝使膝盖平行靠紧，然后将膝盖偏向对话者，偏的角度应根据座位高低来定，但以大腿和上半身构成直角为标准。坐较高的座位，上身仍然要正直，可以跷大腿。其方法是将左腿微向右倾，右大腿放在左大腿上，脚尖朝向地面，切忌脚尖朝天。

应酬学专家告诉你

端坐时应注意，双手不宜插进两腿间或两腿下，而“4”字形的叠腿方式，或是用手把叠起的腿扣住的方式，则是绝对禁止的。有失优雅风度的坐姿，如把脚藏在座椅下，甚至用脚勾着座椅的腿，这都是失礼的举动，均属避免之列。

如何站得挺拔

曹操统一北方后，魏国声威大震，各少数民族部落纷纷依附。北匈奴派使者送来了大批奇珍异宝，使者请求面见曹操。曹操觉得自己身材容貌不佳，就将声姿高扬、眉目疏朗的崔琰召来，要他假装自己接见使者。接见时，崔琰正中端坐，接受了匈奴使者的拜贺，曹操却扮做侍卫模样，手握钢刀，挺立在座榻旁边。

接见完毕后，曹操派间谍去问匈奴使者印象如何。使者不假思索地说："魏王俊美，风采高雅，而榻侧握刀而立的那个人气度威严，非常人可及，是为真英雄也！"

曹操之所以给匈奴使者留下深刻的印象，就是因为他挺拔的站姿流露出英雄气质。

站姿即站相。它是人们平时经常采用的一种静态的造型，又是其他各种静态或动态的身体造型的基础和起点。

在人际交往中，站姿是一个人全部仪态的核心，"站有站相"是对一个人礼仪修养的基本要求，良好的站姿能衬托出美好的气质和风度。如果站姿不够标准，其他姿势就谈不上优美。

具体说来，人的站立姿势从正面看，其身形应当正直，头、颈、身躯和双腿应与地面垂直，两肩相平放松，两臂和手在身体两侧自然下垂，手指自然弯曲，掌心向内轻触裤缝，或将右手搭在左手上，贴放在腹部。身体的重心置于双足的后部。双眸平视前方，精神饱满，面带微笑，胸部稍挺，小腹收拢，整个形体显得庄重、平稳、自信而有力度。站立时间较长时，可以以一腿支撑，另一腿稍稍弯曲，但上身始终要保持挺直。

由于性别的差异，男性的站姿要稳健，所谓"站如松"，以显出男性刚健、强壮、英武、潇洒的风采；女性的站姿要柔美，所谓"亭亭玉立"，以体现女性轻盈、妩媚、娴静、典雅的韵味。

在采取规范站姿时，除肃立姿势外，男性通常可采取双手相握、叠放于腹前的前腹式站姿；或将双手背于身后，然后相握的后背式站姿。双脚可稍许叉开，与肩部同宽为限。女性的主要站姿为前腹式，但双腿要基本并拢，脚位应与服装相适应，穿紧身短裙，脚跟靠紧，脚掌分开呈"V"状，即"丁字步"；穿礼服或旗袍，可双脚微分。

不论男女，站立时切忌歪头、缩颈、耸肩、含胸、塌腰、撅臀；切忌身躯歪斜、浑身乱抖、弯腰驼背、趴伏倚靠、手位失当（如抱在脑后、手托下巴、抱在胸前、插入衣兜、摸来摸去）、腿位不雅（如双腿叉开过宽、双腿扭在一起、双腿弯曲、一腿高抬）、脚位欠妥（"人"字式、蹬踩式、独脚式等）。更不要下意识地做小动作，如摆弄打火机、香烟盒，玩弄衣带、发辫，咬手指甲等。这些不但显得拘谨，给人以缺乏自信和教养的感觉，也有失仪表的庄重。

应酬学专家告诉你

站立时，既要遵守规范，又要避免僵硬，要注意肌肉张弛的协调性。强调挺胸立腰，但两肩和手臂的肌肉不能太紧张，要适当放松，善于适时地变换姿态，追求动态美。

如何走得优美

相传在两千年前，燕国寿陵地方有一位少年，觉得自己走路的姿势太笨，太丑了。他听说邯郸人走路姿势优美，就跑到邯郸学习走路。

到了邯郸，他感到处处新鲜，简直眼花缭乱。看到小孩走路，他觉得活泼，跟在后面学；看见老人走路，他觉得稳重，跟在后面学；看到妇女走路摇摆多姿，也跟在后面学。就这样，不过半月光景，他不但没学会邯郸人走路的样子，而且把自己走路的方式也忘记了，最后只好爬着回去。

“邯郸学步”的主人公虽然令人哭笑不得，但他学习走路的态度却是值得我们学习的。

人们走路的样子千姿百态，各不相同，给人的感觉也有很大差别。有的步伐矫健、端正、自然、大方，给人以沉着、庄重、斯文的感觉；有的步伐雄壮，给人以英武、勇敢、无畏的印象；有的步伐轻盈、敏捷，行走如风，给人以轻巧、欢悦、柔和的感觉。但另有一些人由于不重视步态美或由于生理原因，逐步形成了一些不规范的步态：或摇头耸肩，左右摇动；或弯腰弓背、步履蹒跚等，这些都需要在日常生活中注意纠正。

走路时步态美不美，关键在步幅和步位。人们行进时，一般的步幅与本人一只脚的长度相近，即前脚的脚跟距后脚的脚尖之间的距离。通常情况下，男性的步幅约 25 厘米，女性的步幅约 20 厘米。当然，女性的步幅跟服装与鞋也有一定关系。一般来讲，以直线条为主的服装特点是舒展、庄重、大方，而以曲线为主的服装特点是柔美、优雅、飘逸。例如西服是以直线条为主，穿着西装要注意挺拔，保持前后平正，走路的步幅可略大些。女士穿旗袍时，就要求身体挺拔，胸微含，下颏微收，不要塌腰撅臀，走路的步幅不宜大；穿长裙行走时要平稳，步幅可稍大些，并注意调整头、胸、髋三轴的角度，强调整体造型美；穿短裙走路，要表现出轻盈、敏捷、活泼、洒脱的特点，步幅不宜大，但步速可稍快些；穿长裤行走时，能强调臂部曲线美，可走出较大而快的步子，展示出穿着长裤时所流露出的潇洒和轻便。

步速稳健也是步态美的又一重要问题。人们行进的速度取决于人的兴奋程度，兴奋程度高，步速也快；兴奋程度低，动作则迟缓。要保持步态的优美，行进的速度应保持均匀平稳，不能过快过慢、忽快忽慢。在正常情况下，应自然舒缓，显得成熟、自信。当然，男女在步速上亦有差别，一般来说男性步伐矫健、稳重、刚毅、洒脱，具有阳刚之美，步伐频率每分钟约100步；女性步伐轻盈、柔细、玲珑、贤淑，具有阴柔之美，步伐频率每分钟约90步，如穿裙装或旗袍，步速则快一些，每分钟可达110步左右。脚步要干净利索，有鲜明的节奏感，不可拖泥带水，也不可重如马蹄声。

步态美也与步位有关。所谓步位，是指行走时脚落地的位置。如前所述，走路时最好的步位是两只脚所踩的是同一条直线，而不是两条平行线，特别是女性走路，如果是两脚分别踩着两条线走路，那是有失雅观的。

步韵也很重要。行走时，膝盖和脚腕要富于弹性，腰部应成为身体重心移动的轴线，双臂应自然放松，一前一后地摆动，保持身体各部位之间动作的和谐，使自己走在一定的韵律之中，显得自然优美，否则就会失去节奏感。

应酬学专家告诉你

步态还要分场合。脚步的强弱、轻重、快慢、幅度及姿势，必须同出入场合相适应。在室内走路要轻而稳，在公园里散步要轻而缓，在阅览室里走路要轻而柔，在婚礼上步子要欢快、轻松，在丧礼上步子要沉重、缓慢。总之，步态要因地、因人、因事而宜。

注视对方的眼睛

心理学家克拉克在一次实验中，让采访者用三种目光与被测试者进行对话，分别是“聚精会神”、专注的目光，“时看时不看”、躲闪的目光和“几乎不看”的目光。实验结果表明，被测试者把“聚精会神”的目光列为对自己最有兴趣、最专注的人，因而也对采访者产生好感，对他们的评价也最高。

目光能够传达很多用语言难以表达的奥妙。心理学家发现，除了能进行思想交流之外，目光还反映出一个人的心理和精神状态。眨眼的频率、注视的长短、目光聚集的宽度、瞳孔放大的程度，都会不自觉地表现人的心理状态、态度、内涵。在愉悦的状态，瞳孔自然放大，产生迷人的效果。心理学家观察男性瞳孔，当画面上出现美丽动人、充满诱惑力的性感女郎时，被测试者的瞳孔会普遍地放大。

人们对自己喜欢的人会多用目光注视，对不喜欢的人尽量不看。谈话时能用平稳的目光望着我们的人，会赢得我们的好感和信任——他可能诚实，心中无所隐瞒，是个心胸坦然、自信有勇气的人；一个目光游离不定、扑朔迷离的人，让我们感到他不敢让别人看到自己的心灵世界，可能不诚实，心中有着不可告人的秘密。有权威、占据强势地位的人，目光中透出威慑力；善良、宽容的人，目光中流露出慈祥；冷酷、狭隘的人，眼神中放射出奸诈；大脑和心灵都是一片空白的人，眼光茫然。

在人类的活动中，用眼睛来表达的方式和内容如此丰富、含蓄、微妙、广泛，眼神的力量远远超出我们用语言可以表达的内容。美国心理学家福斯特在《身体语言》一书中写道：“尽管我们身体的所有部分都在传递信息，但眼睛是最重要的，它在传送最微妙的信息。”与人沟通时，尤其是首次相见，如果不敢与人进行目光交流，不会运用目光的效应，就会带来意想不到的恶劣后果。然而许多人却由于种种原因非常难以与人保持平稳、持久的目光接触，就如同很多腼腆的人不知把手放在哪里一样。这种躲闪的、飘忽不定的目光让别人产生反感和误解，它让对方怀疑："他是不是在撒谎？"

因此，在社交场合与对方交谈时，要正面凝视对方，凝视的主要位置是对方的眼睛及面部，使对方感到亲切、温暖。但凝视的时间不要过长，可在交谈中间不时地稍稍移动一下目光，然后再返回到原处。由于交际对象的不同，凝视的部位也有所不同。

在洽谈业务、进行贸易谈判时，要用眼睛看着对话者脸部上的三角部位，这个三角以双眼为下底线，上顶角到前额。这种凝视，显得严肃认真，有利于把握谈话的主动权和控制权，对方也会感到你对此次谈判很有诚意。在一般社交场所，用眼睛看着对方脸部的中三角部位，这个三角是以双眼为上底线，嘴为下顶角，也就是双眼和嘴之间。这种凝视主要用于茶话会、舞会及各种类型的友谊聚会。在日常交往中，人们大多采取这种凝视方式。

如果目光集中在双眼到胸部之间，就是亲人和恋人之间使用的亲密凝视，对陌生人来说，这种凝视就有些过分了。

你是习惯于四处乱瞟，还是把眼神聚集在你的沟通对象身上呢？我们都渴望我们的听众把全部的注意力集中在我们身上，而目光不欺骗我们，它让我们知道，对方是否在倾听我们的谈话内容，是否在与我们进行交流，是否对我们的话题表示出很大的兴趣。全神贯注的目光让我们感到支持和力量，产生信心和热情。

应酬学专家告诉你

在应酬场合，不要用没有自信的目光去看人，也不要用盛气凌人的目光去盯着别人，更不要满不在乎地摇头晃脑。眨眼的动作不宜过大、过快，一般每分钟 8 次左右为宜。

应酬中学会使用手势

手是人的体态语中最重要的传播媒介,招手、挥手、握手、摆手等都表示着不同的意义。人在紧张、兴奋、焦急时,手都会有意无意地表现出来。作为仪态的重要组成部分,手势应该得到正确的使用。手势也是人们交往时不可缺少的动作,是最有表现力的一种“体态语言”。

手的魅力并不亚于眼睛,甚至可以说手就是人的第二双眼睛。手势表现的含义非常丰富,表达的感情也非常微妙复杂。如招手致意、挥手告别、拍手称赞、拱手致谢、举手赞同、摆手拒绝,等等。手势的含义,或是发出信息,或是表示喜恶、表达感情。能够恰当地运用手势表情达意,会为交际形象增辉。

掌握正确的手势礼仪,首先要求我们在使用手势礼仪时务必注意以下事项:

首先,在交往中,为了增强说话者的语言感染力,一般可考虑使用一定的手势,但要切记手势不宜过多,动作不宜过大,切忌“指手画脚”和“手舞足蹈”。

打招呼、致意、告别、欢呼、鼓掌属于手势范围,应该注意其力度大小、速度的快慢、时间的长短,不可过度。鼓掌是表示欢迎、祝贺、赞许、致谢等的礼貌举止。在正式社交场合,观看文艺演出、重要人物出现、听报告、听演讲等都用热烈的掌声表示钦佩、祝贺。鼓掌的标准动作应该是用右手掌轻拍左手掌的掌心,鼓掌时不应戴手套,宜自然,切忌为了使掌声大而使劲鼓掌,应自然终止。鼓掌要热烈,但不要“忘形”,一旦忘形,鼓掌的意义就发生了质的变化而成“喝倒彩”、“鼓倒掌”,有起哄之嫌,这样是失礼的。注意鼓掌尽量不要用语言配合,那是无修养的表现。

在任何情况下都不要用大拇指指自己的鼻尖和用手指指点他人。谈到自己时应用手掌轻按自己的左胸,那样会显得端庄、大方、可信。用手指指点他人的手势是不礼貌的。

一般认为,掌心向上的手势有诚恳、尊重他人的含义;掌心向下的手势意味着不够坦率、缺乏诚意等;攥紧拳头暗示进攻和自卫,也表示愤怒;伸出手指来指点,是要引起他人的注意,含有教训人的意味。因此,在介绍某人、为某人引路指示方向、请人做某事时,都应该掌心向上,以肘关节为轴,上身稍向前倾,以示尊敬。这种手势被认为是诚恳、恭敬、有礼貌的。

有些手势在使用时应注意区域和各国的不同习惯,不可以乱用。因为各地习俗迥异,相同的手势表达的意思不仅有所不同,而且有的大相径庭。每种文化都有自己的“手势语言”,千姿百态的手势语言,饱含着人类无比丰富的情感。它虽然不像有声语言那样实用,但在人际交往中能起到有声语言无法替代的作用。相反,当我们忽视手势礼仪的正确使用时,在日常生活中某些不雅的行为举止常常会令人极为反感,严重影响交际风度和自我形象,应特别注意。

应酬学专家告诉你

手是体态语中最重要的传播媒介,有时候手势也成为一种独立且有效的语言。了解一些示意动作,至少你可以辨别什么是粗俗的,什么是得体的,使你在遇到无声的交流时,更加善于观察,更加容易避免误解。

第七章
礼仪就是交往艺术

礼仪者敬人

汉高祖刘邦出身寒微,他手下的将军大臣也大都没什么文化。君臣经常在未央宫饮宴,糟糕的是这些功臣们一喝酒就醉,一喝醉就争谁的功劳大,不仅吵吵嚷嚷,还把剑拔出来在柱子上砍,让刘邦很生气,又没有办法。

这时来了个叫叔孙通的儒生,向刘邦提出来说,解决这个问题的唯一办法是制定礼仪。叔孙通就带着自己的学生制定了一套礼仪,演习了一个月,然后请刘邦过来观赏。刘邦觉得这个礼仪很简单,大老粗也能学会,就这样吧。礼仪制定好了。

后来长乐宫建成时,文武百官就按照礼仪来进行祝贺朝贺。在司仪官的指挥下,大家排队,跪拜,为皇帝祝酒,高呼"万岁",再依次退出,秩序井然。刘邦很高兴,说:"我今天知道当皇帝的尊贵了。"

刘邦当了好几年的皇帝,却不知道当皇帝的滋味,就是因为其宫中没有礼仪。

礼仪就是律己、敬人的一种行为规范,是表现对他人尊重和理解的过程和手段。礼仪的"礼"字指的是尊重,即在人际交往中既要尊重自己,也要尊重别人。古人讲"礼仪者敬人也",实际上是一种待人接物的基本要求。礼仪的"仪"字顾名思义,仪者仪式也,即尊重自己、尊重他人的表现形式。总之,礼仪是尊重自己、尊重他人的表现形式,进而言之,礼仪其实就是交往艺术,就是待人接物之道。礼仪是指人们在社会交往中由于受历史传统、风俗习惯、宗教信仰、时代潮流等因素而形成,既为人们所认同,又为人们所遵守,是以建立和谐关系为目的的各种符合交往要求的行为准则和规范的总和。总而言之，礼仪就是人们在社会交往活动中应共同遵守的行为规范和准则。礼仪是人际关系中的一种艺术，是人与人之间沟通的桥梁，礼仪是人际关系中必须遵守的一种惯例，是人与人交往中约定俗成的一种习惯做法。

礼仪对规范人们的社会行为，协调人际关系，促进人类社会发展具有积极的作用。

我国是历史悠久的文明古国，几千年来创造了灿烂的文化，形成了高尚的道德准则、完整的礼仪规范，被世人称为“文明古国，礼仪之邦”。从《礼记》中就可得出这样的结论。整个东亚及东南亚的文化的精华均是传承华夏文明就是确证。中国具有五千年文明史，素有“礼仪之邦”之称，中国人也以其彬彬有礼的风貌而著称于世。

现代的礼仪与古代的礼仪已有很大差别，我们必须舍弃那些为剥削阶级服务的礼仪规范，着重选取对今天仍有积极、普遍意义的传统文明礼仪，如尊老敬贤、仪尚适宜、礼貌待人、容仪有整等，加以改造与承传。这对于加强修养，提高个人素质，协调和谐人际关系，塑造文明的社会风气，进行社会主义精神文明建设，具有现代价值。

应酬学专家告诉你

中国自古就是礼仪之邦，礼仪对于我们炎黄子孙来说，更多的时候能体现出一个人的教养和品位。真正懂礼仪、讲礼仪的人，绝不会只在某一个或者几个特定的场合才注重礼仪规范，这是因为那些感性的，又有些程式化的细节，早已在他们的心灵的历练中深入骨髓，浸入血液了。

握手的礼仪

1864年11月，林肯搭乘轮船，冒雨站在甲板上，五六名船员拿来一块防水帆布给他遮雨，他则坚持在雨中同所有船员一一握手。最后轮到和一个加煤工人握手了，这个工人的手上和脸上全是煤灰，他对林肯说："先生，我的手太脏了，不便与您握手，但我是船上最敬爱您的人。"

林肯大声说："把你的手伸过来吧！你的手是为国家加煤弄黑的。"

当人们问道："你为什么老是爱同火车司机和加煤工人握手呢？"林肯回答说："沾在手上的灰垢统统可以洗掉，我总想认识和了解在我前面开路的人。"

握手，是交际的一个部分。握手的力量，姿势与时间的长短往往能够表达出握手对对方的不同礼遇与态度，显露自己的个性，给人留下不同印象，也可通过握手了解对方的个性，从而赢得交际的主动权。美国著名盲聋女作家海伦·凯勒说：我接触的手有的能拒人千里之外，有些则充满阳光，你会感到很温暖……

通常，和人初次见面，熟人久别重逢，告辞或送行都可以握手表示自己的善意，这是最常见的。有些特殊场合，比如向人表示祝贺，感谢或慰问时，双方交谈中出现了令人满意的共同点时，或双方原先的矛盾出现了某种良好的转机或彻底和解时，习惯上也以握手为礼。

握手时，距对方约一步远，上身稍向前倾，两足立正，伸出右手，四指并拢，虎口相交，拇指张开下滑，向受礼者握手。

掌心向下握住对方的手，显示着一个人强烈的支配欲，无声地告诉别人，他此时处于高人一等的地位。应尽量避免这种傲慢无礼的握手方式。

相反，掌心向里握手显示出一个人的谦卑和毕恭毕敬。平等而自然的握手姿态是两手的手掌都处于垂直状态。这是最普通也最稳妥的握手方式。

戴着手套握手是失礼行为。男士在握手前先脱下手套，摘下帽子。女士可以例外。当然在严寒的室外也可以不脱。比如双方都戴着手套、帽子，这时一般也应先说声："对不起。"握手时双方互相注视，微笑，问候，致意，不要看第三者或显得心不在焉。

除了关系亲近的人可以长久地把手握在一起外，一般握两三下就行。不要太用力，但漫不经心地用手指尖"蜻蜓点水"式的去点一下也是无礼的。一般要将时间控制在三五秒钟以内。如果要表示自己的真诚和热烈，也可较长时间握手，并上下摇晃几下。

握手时两手一碰就分开，时间过短，好像在走过场，又像是对对方怀有戒意。而时间过久，特别是拉住异性或初次见面者的手长久不放，显得有些虚情假意，甚至会被怀疑为"想占便宜"。

长辈和晚辈之间，长辈伸手后，晚辈才能伸手相握；上下级之间，上级伸手后，下级才能接握；男女之间，女方伸手后，男方才能伸手相握，当然，如果男方为长者，遵照前面说的方法。如果需要和多人握手，握手时要讲究先后次序，由尊而卑，即先年长者后年幼者，先长辈再晚辈，先老师后学生，先女士后男士，先已婚者后未婚者，先上级后下级。交际时如果人数较多，可以只跟相近的几个人握手，向其他人点头示意，或微微鞠躬就行。为了避免尴尬场面发生，在主动和人握手之前，应想一想自己是否受对方欢迎，如果已经察觉对方没有要握手的意思，点头致意或微鞠躬就行了。

应酬学专家告诉你

当你在握手时，不妨说一些问候的话，可以握紧对方的手，语气应直接而且肯定，并在加强重要字眼时，紧握着对方的手，来加强对方对你的印象。不要拒绝和别人握手，即使有手疾、汗湿或手不干净时，也要和对方说一声"对不起，我的手现在不方便"，以免造成不必要的误会。

称呼的礼仪

在社会交往中，如何称呼对方，这直接关系到双方之间的亲疏、了解程度、尊重与否及个人修养等。一个得体的称呼，会令彼此如沐春风，为以后的交往打下良好的基础，否则，会令对方心里不悦，从而影响到彼此的关系。

在工作岗位上，人们彼此之间的称呼是有其特殊性的，总的要求是要庄重、正式、规范。

一般在较为正式的官方活动、政府活动、公司活动、学术性活动中使用正式而规范的称呼。以示身份有别，敬意有加，而且要就高不就低。这种称呼，具体来说分三种情况：只称职务，如董事长、总经理等，职务前加姓氏；极为正式的场合要在职务前加上全名。对于有专业技术职称的人，可用职称相称。用学衔性称呼，如“××博士”，增加被称者的权威性，同时有助于增加现场的学术气氛。在工作中，按行业称呼。可以直接以职业作为称呼，如：老师、教练、会计、医生等。在一般情况下，此类称呼前，均可加上姓氏或者姓名。

生活中的称呼应当亲切、自然、准确、合理。

与外人交谈时，对自己的亲属，应采用谦称。对他人的亲属的称呼，要采用敬称。对任何朋友、熟人，都可以人称代词“你”、“您”相称。对长辈、平辈，可称其为“您”；对待晚辈，一般称为“你”。对有身份的人或年纪大的人，应称“先生”。对文艺界、教育界以及有成就、有身份的人，称“老师”。对德高望重的人，称“公”或“老”。

平辈的朋友、熟人，彼此之间可以直呼其姓名，长辈对晚辈也可以这样做，但晚辈对长辈却不能这样。为表示亲切，可免呼其名，在被呼者的姓前加上“老”、“大”或“小”字相称，如“老马”“大李”“小杜”。对关系极为亲密的同性的朋友、熟人，可不称其姓，直呼其名。对于邻居、至交，可用令人感到信任、亲切的称呼，如“爷爷”“奶奶”“大爷”“大妈”“叔叔”“阿姨”等类似血缘关系的称呼。也可以在这类称呼前加上姓氏。

对一面之交、关系普通的人，则用泛尊称，如男士叫“先生”，未婚女性称“小姐”，已婚者或不明其婚否称“女士”。

国际交往中，一般都可以称小姐、女士、夫人、先生。但因为国情的不同，称呼就显得千差万别。一是要掌握一般性规律，二是要注意国别差异。

有些称呼，具有一定的地域性，比如，北京人爱称人为“师傅”，山东人爱称人为“伙计”。但是，在南方人听来，“师傅”等于“出家人”，“伙计”肯定是“打工仔”。中国人把配偶称为“爱人”，而外国人则容易将“爱人”误解为进行“婚外恋”的“情人”，这是“南辕北辙”，误会太大了。

对于关系一般者，切勿自作主张给对方起绰号，更不能随意以道听途说来的对方的绰号去称呼对方，还要注意，不要随便拿别人的姓名乱开玩笑。要尊重一个人，必须首先学会去尊重他的姓名。每一个正常人，都极为看重本人的姓名，对此，在人际交往中，一定要牢记。

应酬学专家告诉你

在人际交往中，有些称呼在正式场合切勿使用。“哥们儿”、“姐们儿”、“瓷器”、“死党”、“铁哥们儿”，等等一类的称呼，就显得庸俗低级，档次不高。它们听起来令人肉麻不堪，逢人便称“老板”，也显得不伦不类。

介绍和自我介绍

介绍和自我介绍是社交的重要环节，是人们交往的新起点。通过介绍和自我介绍，可以结识新朋友和新伙伴。学习和掌握必要的介绍和自我介绍的礼貌礼节，能更自然、从容地进行交际，更好地展示一个人良好的交际风度。

作为介绍者，为他人做介绍时，通常做法是先把晚辈介绍给长辈，把地位低者介绍给地位高者，把男士介绍给女士。但也有例外，要视场合而定。介绍人在做介绍时，应注意使用敬辞。

为人介绍时，应把手臂自然弯曲，掌心向上，并伸向介绍一方。切忌用手指指点被介绍一方，或用手拍打被介绍一方的肩和背，特别熟悉的朋友除外。

作为介绍者和被介绍者，都应主动表现出结识对方的热情，要正面对着对方，而且应该站起身来，若是在会议进行中或宴会等场合，可以不必起身，但也要微微欠身表示致意。介绍后双方应相互握手问好。握手的时间与力度要适当。若被介绍的人不止一人时，应从职位最高者开始按顺序一一介绍。

介绍时要把握分寸，不要过分地颂扬一个人。一般来讲，谦虚的人，即使在熟人面前，也不喜欢别人替他吹嘘，在新结识的人面前更是如此。不合时宜地吹捧会令被介绍人尴尬，不好意思，介绍人本人也会给人留下不良的印象，因此介绍时一定要掌握实事求是的原则，适度的原则。

一般情况下，介绍别人相识后不能马上抽身离开，要待双方可以交谈之后再借托词离开，并要说："你们先谈着，我有点事先走了。"若是介绍别人相识后，考虑到本人继续在场不适宜，便要立即托词离开，这是对他人的尊重，也是有教养、有风度的表现。

自我介绍是交际场合中常用的介绍方式，如求职或到一个新的环境中，自我介绍在某种意义上可以说是打开与人交往大门的一把钥匙。人们初次见面，彼此都有一种要了解对方的愿望，都有一种要被人重视和被人尊重的心理。因此，双方都应及时简单地进行自我介绍，使彼此在较短的时间内得到了解和尊重。

人与人交往的过程中，第一印象常常是最深刻的，社会心理学称之为“首因效应”。因此在初次见面，进行自我介绍时，要注意自己的举止要端庄，落落大方，在讲到自己时，可将右手放在左胸上，不要慌慌张张，毛手毛脚，不可用手指指着自己。不要显得不知所措，面红耳赤，要表情坦然、亲切。更不要显出随随便便、满不在乎的样子。要具备良好的交际风度。自我介绍时首先要介绍自己的姓名、身份、单位，以便别人称呼你。如果对方表现出结识的热情和兴趣，还可以进一步介绍一下自己的学历、专长、兴趣、经历等。

应酬学专家告诉你

当你进入新环境的时候，与陌生人初次见面时，必须及时、简要、明确地做自我介绍，说明来历，让对方尽快了解你。相反，见面时，相互凝视半天，你仍沉默或前言不搭后语，对方会很不愉快，甚至会产生许多疑问，使对方不愿意与你交往。

使用名片的礼仪

名片是记载人们社会身份的象征。在中国古代就有名片的雏形，称为“名帖”或者是“名刺”。如果古人要拜访某位并不熟悉的人，就要先派人送去“名片”。如果对方表示客气，就会在同意约会的同时退回“名片”，以示亲近。古人都很重视“名片”的制作，也有人用一尺长的竹片做成“名片”来炫耀自己，或者在“名片”上列出无数的头衔。直到现在还有人在制作名片时有这些恶俗的习惯。

随着通信技术的发展，名片上通常还需要列出个人的联系方式，成为交往沟通的“备忘录”。

曾经有研究社会心理的专家表达过这样两种观点：

第一，虽然名片并不能完全代表社会地位，但是在现代生活中，一个没有名片的人往往是没有社会地位的人。换而言之，在日常的社会交往中，名片是不可缺少的工具，如果在社交场合需要交换名片时又拿不出来，不但显得失礼，还会损害自身形象，让别人认为你交际圈狭窄，无足轻重。

第二，不会使用名片的人没有交际经验。名片不仅仅是简单的自我介绍，还会反映你的身份地位，也代表了你在人际交往方面的经验和能力。有时一张名片所传递的信息，往往胜过啰嗦而乏味的介绍。

为自己精心准备一张专业化的、高品质名片是非常重要的。那么什么样的名片是高品质名片呢？答案是“简洁”和“清晰”。不论是选材、色彩还是名片上的信息，保持简洁明快的风格会令人感到舒爽。

名片的规格有着世界通行的标准尺寸。如果名片太小，会让人看不清上面的字，如果太大，不能放进普通的名片夹，就很容易被人扔掉。

名片的材质一般选择普通的卡片纸，尽量不要五花八门，形形色色。有些做木材生意的商人用木片，做皮革生意的用皮片，这些名片很有特色，会让人记忆深刻，也会让人哭笑不得。

专门研究色彩对感觉的影响的心理学家认为，名片的色彩不要故弄玄虚，总体上要控制在三种颜色之内。如果颜色多于三种，就会产生杂乱无章的感觉。纸张最好选择天然质地的白色，或者浅灰、浅蓝、浅黄这些淡雅的浅色，印上深色的字迹，就会让你的名片显得素朴大方。

名片上的信息，一般包括名字、职务和联系方式等。名字职务写清楚是最重要的，还有联系方式，例如电话、住址等。千万不要把所有头衔都堆砌上去，这样不但不能有效地介绍自己，反而显得喧宾夺主、主次不分，让别人感觉你有浮夸的毛病。

有的人更换了电话号码，为了图方便，就直接在名片上涂改。这容易给对方留下做事随意、不负责任的印象。其实重印一盒名片不会耗费多少时间和金钱。当场手写名片则更不足取，除非你是个艺术家，或者是个学生，而且是参加非正式的聚会。要知道，成熟稳重的人是绝对不应该没有准备的。

应酬学专家告诉你

与其发送一张破损或脏污的名片，不如不送。应将名片收好，整齐地放在名片夹、盒或口袋中，以免名片毁损。破旧名片应尽早丢弃。交换名片时如果名片用完，可用干净的纸代替，在上面写下个人资料。

打电话的礼仪

某电脑公司新来的老总秘书王小姐接到客户来电时,很客气地答道:“对不起,陈总刚刚去某某公司了。”但没想到就是这样一句简单的话却引起了极严重的后果:该公司失去了一笔上百万的生意。因为打来电话的人是位重要的老客户,而陈总拜访的那家公司正是这位客户最反感的死对头,他当然不能原谅这种情形出现。

王小姐由于不了解公司的情况,在电话里胡乱答话,随便对人说出了老总行踪,因而闯了大祸,实在是她连做梦也没想到的。但如果她当时换一种方式回电话,如:“陈总出去了,如果您有什么事,我可否替代记下,事后再给您回个电话好吗?”这样就不致因为一个小小的电话而误了工作大事。

美国作家马克·吐温曾诙谐地说:“发明电话这种东西的人,相当没有脑筋。”的确,自从有了电话,它便常常牵着我们的鼻子走,使我们丧失了选择的权利,即便再忙、再厌恶,接了人家的电话总是不能随时胡乱挂断的,因而好多人甚至抱怨说:“要是没有电话多好!”

然而谁都知道这是不可能的。社会的现代化,使电话交际、应酬成了家常便饭。假如有一天这世界突然间没有一部电话可用,不出 24 小时,天下定会大乱。

事实上,如今精明的人都早已认识到,并开始孜孜不倦地学习电话里的学问了。别小看了细细的一根电话线,它能让你千里之外深得人心,也能令你五步之内威风扫地。仔细想想,不难发现身边不会打电话的同事真是比比皆是。

过年了，某单位的同事们之间兴起一阵“请客风”，今天东家请，明天西家叫，令某科长疲惫不堪。这天晚上，又有人打来电话，这位科长在经过接听电话的太太转告后，大声吼道：“告诉他，我不在！”不料对方竟听到了，立刻气愤地回答：“告诉那位不在的人，以后不用再来了。”后来得知，这位请客的同事竟是局长大人，可怜的科长后悔不已。

如今电话的收听效果可谓越来越好，一些本该避讳的话，不小心就会被接话一方听得清清楚楚，弄得人好不尴尬。

我们都有这样的体会：在接打工作上的事务性或应酬性电话时，若一接通就听到对方亲切的招呼声，当然能心平气和地谈问题，直到挂了电话，心情仍会很愉悦，自然也会对其所属的单位留下极好的印象。相反，如果第一次接触，在电话中就给人以恶劣的印象，那么肯定连带着对其单位也没什么好感了。如电话铃声响了很久，对方仍迟迟未接，而此时又正是上班时间；接电话的人粗鲁无礼或带着爱理不睬的腔调；从话筒里听到对方单位一片嘈杂、混乱之声，等等。

某市妇联筹备很久终于成立了一家下属的婚姻介绍所，本想力促天下有情人终成眷属，可开张一个月了，效果并不理想。因为负责接热线电话的王大姐虽然和善、热情，可说话却太啰嗦，常常同咨询者漫无边际地聊好半天，却迟迟不能进入正题，而且常常为了服务周到，总是请电话里的人稍等，她在一边急急忙忙翻阅登记过的求婚者档案，希望立刻就发现一个适合这位主顾的对象。可是每当她找到一两个信息再拿起电话听筒时，对方早已因等得不耐烦而挂断了。像这样为了查资料，而让对方等的情形谁都会不耐烦的。毕竟让对方在电话里苦等是件很没礼貌也很欠周到的应对方式。

应酬学专家告诉你

当某人不在单位而有人来电话找他时，一般都是依靠同事传话。所以工作中每个人都应养成记备忘录的习惯，以防偶有遗忘，既误了公事，又令同事不满。

拜访的礼仪

王徽之是东晋时的大书法家王羲之的三儿子，他辞去官职，隐居在浙江山阴，天天游山玩水，饮酒吟诗。

有一年冬天，鹅毛大雪纷纷扬扬地接连下了几天，王徽之独自一人坐在庭院里赏雪，忽然想起了那个会弹琴作画的朋友戴逵，马上叫仆人备船连夜前往，也不考虑戴逵住在剡溪，两地有相当的距离。拂晓时，终于到了剡溪。可王徽之却突然要仆人撑船回去。仆人莫名其妙，诧异地问他为什么不上岸去见戴逵。他淡淡地一笑，说："我本来是一时兴起才来的。如今兴致没有了，当然应该回去，何必一定要见着戴逵呢？"

王徽之"乘兴而来"，演出一段佳话。但是如果是现在，这样的拜访可就不太礼貌了。

拜访应选择在比较恰当的时间，不能搞"突然袭击"，突然访问容易给对方造成麻烦。尽量不要做"不速之客"，不得已必须要突然拜访时，至少要提前 5 分钟打个电话。拜访应按约定准时进行。访问必须守时，原则上必须提前 5 分钟到达。第一次去的地方要留有充裕的时间。但在现实生活中去办公区域拜访应提前 5~7 分钟到达，而去私宅拜访则尽量准时到达最佳。如因故不能及时到达，应尽早通知对方，并讲明原因，无故迟到或失约都是不礼貌的。

出门拜访之前，应根据访问的对象、目的等，对着镜子将自己的衣物、容貌适当修饰一下。如拜访的地点设在对方的办公区域则应着正装，可以传递出"你很重视这次拜访"的友好信息。

进屋以后，应主动向所有人打招呼、问好，或适当寒暄；对陌生人也应点头致意，按主人指点的座位入座，不可以见座位就座。当主人上茶水时，应欠身双手相接，并致谢。如茶水太烫，应等其自然晾凉了再喝，必要时也可将杯盖揭开，放置杯盖时，盖口一定要朝上。切忌将茶水用嘴边吹边喝，喝茶时应慢慢品饮，不要一饮而尽，也不要发出声响。无论是到办公室还是到家中拜访，一定要“客听主安排”，虽然不是“不可多说一句话，不可多走一步路”，但也应充分体谅主人。

如果是第一次登门拜访或主人的会客厅刚经过装修，就应对主人的办公室或客厅等有一个概括性的夸赞。如“您的办公室真整洁”，“您家的客厅布置很典雅，很别致”等等，当然，不能对主人家的布置麻木不仁，要善于及时发现在上次拜访之后所发生的一些细小的变化，再予以真诚恰当的“捧场”，主人一定会因为你对他的生活和情趣的细致的关心与尊重，对你产生进一步的好感。如果接待你的是女主人，一定不要忘了对女主人的勤劳、贤惠、持家、审美力、雅兴等方面给以适当的肯定的评价。

礼节性的拜访，逗留的时间不宜太长，一般情况下要控制在 30 分钟之内，或者要办的事完成后就应告辞。起身告辞时，要向主人表示“打扰”之歉意。出门后，回身主动伸手与主人握别，说：“请留步。”待主人留步后，走几步，再回首挥手致意：“再见。”主人送你出门时，应劝主人留步，并主动伸手握别，然后看好门外第一个拐弯处，当走到该处时，一定要再回头看看主人是不是还在目送。如果主人还未返回，应挥手向主人示意，以示最后的谢意，并请主人快回家去。如果主人站在门口，发现你“一去不回头”，那你就失礼了，主人也会很失望。

应酬学专家告诉你

当遇到以下这几种情况，应及时告辞：一是双方话不投机，或当你谈话时，主人反应冷淡，甚至不愿理会时；二是主人将双肘抬起，双手支于椅子的扶手上甚至频繁地看表等情况。即使当你提出告辞时，主人要说上几句“再坐坐”之类的话，那他往往也只是纯粹的礼貌性客套，你如果没有非说不可的话，就应毫不犹豫地起身告辞。

签字仪式的礼仪

在涉外交往中，有关国家的政府、组织或企业单位之间经过谈判，就政治、经济、文化科技等领域内的某些重大问题达成协议时，一般需举行签字仪式。

签字仪式前必须布置好签字厅。签字厅有常设专用的，也有临时以会议厅、会客室来代替的。布置它的总原则是要庄重、整洁、清静。一间标准的签字厅，应当室内铺满地毯，除了必要的签字用桌椅外，其他一切陈设都不需要。正规的签字桌应为长桌，其上最好铺设深绿色的台布。

按照仪式礼仪的规范，签字桌应当横放于室内。在其后，可摆放适量的座椅。签署双边性合同时，可放置两张座椅，供签字人就座。签署多边性合同时，可以仅放一张座椅，供各方签字人签字时轮流就座；也可以为每位签字人各自提供一张座椅。签字人在就座时，一般应当面对正门。

在签字桌上，应事先安放好待签的合同文本以及签字笔、吸墨器等签字时所用的文具。

与外商签署涉外合同时还需在签字桌上插放有关各方的国旗。插放国旗时，在其位置与顺序上，必须按照礼宾序列而行。有关各方的国旗须插放在该方签字人座椅的正前方。

签字时各方代表的座次，是由主方代为先期排定的。规范礼仪的做法是：在签署双边性合同时，应请客方签字人在签字桌右侧就座，主方签字人则应同时就座于签字桌左侧。双方各自的助签人，应分别站立于各自一方签字人的外侧，以便随时对签字人提供帮助。双方其他的随员，可以按照一定的顺序在己方签字人的正对面就座。原则上，双方随员人数，应大体上相近。

在签署多边性合同时，一般仅设一个签字椅。各方签字人签字时，须依照有关各方事先同意的先后顺序，依次上前签字。他们的助签人，应随之一同行动。在助签时，依“右高左低”的规矩，助签人应站立于签字人的左侧。与此同时，有关各方的随员，应按照一定的序列，面对签字桌就座或站立。

在正式签署合同之前，应由举行签字仪式的主方负责准备待签合同的正式文本。举行签字仪式，是一桩严肃而庄重的大事，在决定正式签署合同时，就应当拟定合同的最终文本。它应当是正式的，不再进行任何更改的标准文本。负责为签字仪式提供待签的合同文本的主方，应会同有关各方一道指定专人，共同负责合同的定稿、校对、印刷与装订。按常规，应为在合同上正式签字的有关各方，均提供一份待签的合同文本。必要时，还可再向各方提供一份副本。

待签的合同文本，应以精美的白纸印制而成，按大八开的规格装订成册，并以高档质料，如真皮、金属、软木等作封面。

按照规定，签字人、助签人以及随员，在出席签字仪式时，应当穿着具有礼服性质的套装，并且配以白色衬衫与深色皮鞋。男士还必须系上单色领带，以示正规。签字仪式上的礼仪人员、接待人员，可以穿自己的工作制服，或是旗袍一类的礼仪性服装。

签字人正式交换有关各方已经签署的合同文本后，各方签字人应热烈握手，互致祝贺，并相互交换各自一方刚才使用过的签字笔，以示纪念。全场人员应鼓掌，表示祝贺。

应酬学专家告诉你

交换已签的合同文本后，有关人员，尤其是签字人当场干一杯香槟酒，这是国际上通行的用以增添喜庆色彩的做法。

剪彩的礼仪

据记载，剪彩的头一次亮相是在1912年，地点是美国圣安东尼奥的华狄密镇。而这位因发明剪彩仪式而一时出尽风头的店主，叫威尔斯。当时，他的商店即将开业，正在做促销活动。开业前，为了阻止已经蜂拥而至的顾客，他就随便找来一条布带子拴在了门框上。

事也凑巧，正当店门之外的人们的好奇心上升到极点，显得有些迫不及待的时候，威尔斯小女儿牵着一条小狗突然从店里跑了出来，那条“不语世事”的可爱小狗若无其事地将拴在店门上的布带子碰落在地。店外不明真相的人们误以为这是该店为了开张志喜所搞的“新把戏”，于是立即一拥而入，大肆抢购。让威尔斯转怒为喜的是，他的这家小店在开业之日的生意居然红火得令人难以置信。

向来有些迷信的威尔斯认定，自己的好运气全是由那条被小女儿的小狗碰落在地的布带子所带来的。因此，此后在他旗下的几家“连锁店”陆续开业时，他便将错就错地如法加以炮制。久而久之，他的小女儿和小狗无意之中的“发明创造”，经过他和后人的不断“提炼升华”，逐渐成为一整套的仪式。

剪彩仪式，严格地讲，指的是商界的有关单位，为了庆贺公司的设立、企业的开工、宾馆的落成、商店的开张、银行的开业、大型建筑物的启用、道路或航线的开通、展销会或展览会的开幕等等，而隆重举行的一项礼仪性程序。因其主要活动内容，是约请专人使用剪刀剪断被称之为“彩”的红色锻带上，故此被人们称为剪彩。

在一般情况下，在各式各样的开业仪式上，剪彩都是一项极其重要的、不可或缺的程序。尽管它往往被单独地分离出来，独立成项，但是在更多的时候，它是附属于开业仪式的。这是剪彩仪式的重要特征之一。

剪彩仪式上有众多的惯例、规则必须遵守，其具体的程序亦有一定的要求。剪彩的礼仪，就是对此所进行的基本规范。

剪彩的准备必须一丝不苟。这些准备涉及场地的布置、环境卫生、灯光与音响、媒体的邀请、人员的培训，等等。在准备这些方面时，必须认真细致、精益求精。除此之外，尤其对剪彩仪式上所需使用的某些特殊用具，诸如红色缎带、新剪刀、白色薄纱手套、托盘以及红色地毯，都应仔细地进行选择与准备。

在剪彩仪式上，最为活跃的，当然是人而不是物。因此，对剪彩人员必须认真进行选择，并于事先进行必要的培训。除主持人之外，剪彩的人员主要是由剪彩者与助剪者等两个主要部分的人员所构成。在剪彩仪式上担任剪彩者是一种很高的荣誉。剪彩仪式档次的高低，往往也同剪彩者的身份密切相关。因此，在选定剪彩的人员时，最重要的是要把剪彩者选好。剪彩者，即在剪彩仪式上持剪刀剪彩之人。根据惯例，剪彩者可以是一个人，也可以是几个人，但是一般不应多于五人。通常，剪彩者多由上级领导、合作伙伴、社会名流、员工代表或客户代表担任。

不管是剪彩者还是助剪者在上下场时，都要注意井然有序、步履稳健、神态自然。在剪彩过程中，更是要表现得不卑不亢、落落大方。

应酬学专家告诉你

剪彩活动热热闹闹，轰轰烈烈，既能给主人带来喜悦，又能令人产生吉祥如意之感。规模适度的剪彩，其实是一种业务宣传活动，而并非只是铺张浪费，毫无任何收益。在剪彩活动中，量力而行地进行适当地投入，绝对是得大于失的。

舞会的礼仪

舞会上，苏菲没有舞伴，只好呆坐着。这时，一个英俊的小伙子向苏菲走来，她的心怦怦跳起来。

“您要跳舞吗？”小伙子愉快地问。

“是的。”苏菲讷讷而语。

“好极了。”小伙子说，“我能坐您的椅子吗？”

可以想象苏菲是多么的尴尬，就是因此而恼火也不过分吧？因为舞会是一种高尚讲究礼仪的社交活动，而小伙子的做法显然失礼了。

举办舞会的人，首先要根据场地的大小、经费、活动的目的确定舞会的规模，计算好参加人数。被邀请的男、女客人，在人数上要大致相等。对已婚者，一般夫妇均邀请。若是企业内部舞会，可根据人员状况，邀请外单位人员参加舞会，比如男性较多的工厂，可有计划地邀请女性较多的单位派员参加。舞会场地应宽敞，邀请的总人数要与场地相应，人数过多会显得拥挤，太少又会造成冷场。这是主办人应特别注意的。

较正式的舞会应提前5~7天发放请柬，请柬上面要写明舞会持续的时间，以便让参与者安排好自己的时间。舞会时间的具体安排要照顾绝大多数被邀请者，以傍晚六七点开场，举行两三个小时为宜。

对舞场进行必要的装饰和美化，尤其是光线要柔和，不宜太强。一场好的舞会，舞曲音乐是关键。不论是邀请乐队，还是播放唱片，都要确定舞会的整体格调，根据来宾的年龄、习惯向专业人士请教。如果条件允许，最好请乐队现场演奏。要从多角度为客人考虑，创造欢乐气氛。舞场四周应安置足够数量的桌椅供人们休息。

舞会上，邀舞是最主要的礼节。男女即使彼此互不相识，但只要参加了舞会，都可以互相邀请。通常由男士主动去邀请女士共舞。邀舞时，男士应步履庄重地走到女士面前，微微躬身，彬彬有礼地摊开右手，轻声说："可以请您跳舞吗？"当有意邀请一位素不相识的女性跳舞时，必须先认真观察她是否已有男舞伴。如有，一般不宜前去邀请，以免发生误解。

一般情况下，女士不应拒绝男士的邀请。如万不得已决定谢绝，必须态度和蔼，表情亲切地说："对不起，我累了，想休息一下。"或者说："我不大会跳，真对不起。"对方当然心领神会，不会强邀蛮缠。但在一曲未终时，女士应不再同别的男士共舞，否则会被认为是对前一位邀请者的蔑视，这是很不礼貌的表现。当女士拒绝一位男士的邀请后，如果这位男士再次前来邀请，在确无特殊情况的条件下，女士应答应与之共舞。

在正常的情况下，两个女性可以同舞，但两个男性却不能同舞。在欧美，两个女性同舞，是宣告她们在现场没有男伴；而两个男性同舞，则意味着他们不愿向在场的女伴邀舞，这是对女性的不尊重，也是很不礼貌的。所以，只有当两位女青年已在舞池内旋转起舞时，两位男青年才可以采取同舞的方式，追随到她们身边，然后共同向她们邀舞，继而分别组合成两对。

如果是女方邀请男伴，男伴一般不得拒绝。音乐结束后，男伴应将女伴送到其原来的座位，待其落座后，说一声："谢谢，再会。"然后方可离去，切忌在跳完舞后，不予理睬。

应酬学专家告诉你

有的双双而来或自携舞伴，两人跳过一场或几场之后，如果有别人前来邀舞，另一方应开朗大方，促其接受。被邀者本人也应有礼貌地接受。

出席音乐会的礼仪

2009年新年，钢琴家郎朗举办了一场音乐会。主办方对观众提出了一个“苛刻”的要求：听郎朗音乐会要着正装。不仅如此，4岁以下儿童将被禁止入场，这引起了很大争议。

早在2002年，北京保利剧院就拒绝身高不足1.2米的女童圆圆入场观看演出，被圆圆以侵害自己合法权益、歧视儿童为由告上法庭。剧院方面表示，这样规定是为了保护其他观众正常观看演出，维护高雅场所秩序。因为以前有过儿童进剧场后闹情绪，惹得其他观众扫兴而归的事件，剧院因此遭到投诉。

音乐会拒绝儿童入内是否合法，现在还是一个争论的话题。不过有一点是肯定的，那就是在西方社会，出席音乐会是一件高雅而庄重的大事，并逐渐形成一套约定俗成的音乐会礼节。所以出席音乐会时，不论是在国内还是国外，最好能够遵循这些礼节。

出席音乐会时，你一定要注意自己的装束。在西方，男士一般着深色西服套装，打领带；或穿小礼服，打领结。女士则穿小礼服或大礼服，戴薄纱手套，并化妆。衣冠不整地进入音乐厅，只能令人侧目。

国外音乐厅的前厅里都设有衣帽间。在衣帽间里，你作为男士应协助女士脱下大衣，并代为存放。女士则可稍微整理一下自己的发型和服饰，此刻男士不应在旁边静观，而应去购买音乐会的节目单。

男士一进入音乐厅，即应摘下帽子，脱去手套，女士则可以着披肩，戴纱面罩和手套入座。

出席音乐会时，应于音乐会开始前入座。一旦演奏开始，就被禁止入内，而于门外静听。只有等到一曲终了或中场休息时，才可入内。

入座时，应请女士先行，男士随后。当你通过已就座的听众走向自己的座位时，就面向已就座者，并轻声表示歉意，以背与之相对，是极不礼貌的。就座时，男士一般应坐在女士左边，以便照顾女士。

在音乐会上，请不要中途退场。否则会引起其他听众的不满，也会使演奏者难堪。演奏过程中，别相互交头接耳。最好也别打呵欠和咳嗽。

每支乐曲演奏完毕，听众应以掌声向演奏者致谢。即使你觉得某一片断演奏得相当精彩，也只能等到整个一部音乐作品演奏完毕之后，才可以鼓掌。要知道，在一部作品的演奏间歇时鼓掌，如同中途打断别人的讲话一样只会显示出你的无知与无礼。如果你对音乐作品不了解，那么不妨等大多数观众都鼓掌的时候再鼓掌，就不会犯错失礼了。吹口哨和高声喊叫，不论是不是在表示对演奏的赞赏，都是不文明的。如果要对你敬佩的演奏者献花，最好在音乐会结束以后进行。中途登台献花甚至向演奏者索吻，是有失检点的，而且会败坏其他听众的情绪。

演奏全部结束时，听众应在座位上停留片刻，不要急于退场。待演奏者谢幕时，全场应起立鼓掌，以表示对演奏者的尊敬，然后方可退场。退场时，应由女士先行，男士随后，不要抢行。

应酬学专家告诉你

听音乐会与看电影不同，不仅仅是休闲娱乐，更是重要的社交应酬活动，因此听音乐会时一定要严肃守礼，一丝不苟。甚至连西方人都承认听音乐会是一件很累人的事情。

入境而问俗

巴西是个奔放的热带国家，所以巴西人见面打招呼的方式很奔放，那就是“拥吻”。

虽然拥吻看似很有“肉身性”，但对于巴西人来讲，这只是不动声色的客套而已，其间自有若干法度和界限不容僭越。比如说，可以在脸颊上亲得咸湿无比，但不得用嘴接触对方的耳朵、下巴和鼻子，那是恋人的特区。也不能随便亲额头，那是老爸老妈专用的“地盘”。

有个德国人刚到巴西的时候就遇到了麻烦——他不知道热烈的拥吻其实也有禁忌，为了迎合扑过来的女同事，他胡乱在她脸上咂了几口，没想到不小心咂到了耳朵根，结果被愤怒的女同事抽了一记响亮的耳光。

当“地球村”逐渐成为一个事实的时候，当人类彼此成为近邻的时候，如何与这些邻邦和睦相处，如何去尊重他们的生活和习惯，如何使自己更加自由自然地融入各国的独特的生活方式，已经成为当代人所必须学习和思考的问题。由于受社会背景、历史传统、文化特质以及宗教信仰等方面的影响，世界各国礼仪文化在各个方面的表现与中国文化不尽相同。因此在国际交往中，我们有必要从差异中寻找各个国家的礼仪特色，尊重他国的文化及禁忌，从而提高国际交往能力。

国际礼仪虽然是一种在国际社交活动中通行的礼仪，但是由于国家之间的民族文化、历史传统、宗教信仰等诸方面的差异，各国也表现出了独特的风俗习惯。因此，为了更好地提高在国际社会上的交际能力，我们不仅需要学习和了解国际礼仪，还必须了解和熟悉世界主要国家的礼仪禁忌，尊重他国的风俗与习惯，做到入乡随俗。只有这样，才能真正地彼此融洽地生活在一起，并做到在交往中与人友好相处。

比如在法国，“女士优先”是非常重要的礼仪。旅行中要注意为女性让道、开门、让座，上下车让女性先行。但是在荷兰，爬楼梯或搭升降电扶梯的时候，女性通常跟在男性的后面。

英国人最忌讳别人谈论男人的工资和女人的年龄，就连他家的家具值多少钱也不该问的，这些都是他个人生活的秘密，决不允许别人过问。在英国，请千万记住不能像国内一样，问人家“你去哪儿”，“吃饭了吗”等问题，他们讨厌别人过问他们的个人生活。

在日本消费时一般不能还价，特别是在百货店里，以标出的价格购买东西是被普遍接受的规矩，如果顾客非要坚持还价，可能会遭到冷遇。不过，日本消费中是没有付小费的习惯的，因为在账单中已经包括了所有的服务费用，所以顾客就不必再多此一举了。

通常在埃及人面前尽量不要打哈欠或打喷嚏，如果实在控制不住，应转脸捂嘴，并说声“对不起”。埃及人讨厌打哈欠，认为哈欠是魔鬼在作祟。一个人打哈欠，如同犯罪似的急忙说：“请真主宽恕。”而打喷嚏认为不一定是坏事，一个人如果在众人前打喷嚏，则说：“我作证：一切非主，唯有真主。”而旁边的人说：“真主怜爱你。”他便接着说：“真主宽恕我和大家。”

强调入乡随俗，就要在力所能及的范围内，尽可能地有备而来，尽量事先充分地了解对方特有的习俗，特别是不要犯禁忌。

应酬学专家告诉你

求同存异是国际交往的规则。所谓求同，就是遵守惯例；所谓存异，就是入乡随俗。二者是不矛盾的，而是同一个问题的不同的侧面。求同也好，存异也好，都是为了更好地融入国际社会，都是为了更好地获得国际交往的成功。

第八章
人性弱点的攻防策略

对阿谀逢迎保持清醒

有个京官要到外地去任职，离京前去和他的老师告别。

他的老师说："外面的官不容易做，应当谨慎些。"

那人说："我准备了一百顶高帽，逢人就送他一顶，应当不至于有关系不融洽的人。"

老师生气地说："我们以正直的原则侍奉上级，给别人做事，为什么要这样呢？"

那人说："天下像老师您这样不喜欢戴高帽的人，能有几人呢？"

老师点了点头说："你的话也不是没有道理。"

那个人出来后对别人说："我有一百顶高帽子，现在只剩九十九顶了。"

这位老师只顾着批评学生阿谀逢迎，自己却不小心成了阿谀逢迎的牺牲品。

我们在与人交往的时候，用发自内心的声音赞美别人，往往能够赢得对方的好感。但是，赞美必须真诚，必须是发自肺腑。对于那些头脑清晰并且有自知之明的人来说，虚假的赞美反而会引起他们的反感。然而，即便如此，还是有很多人为了自己的利益而热衷于虚假的赞美。为什么呢？因为大多数人都愿意听到好听的话，但是又没有区分真假的能力。所以，往往能够使阿谀之人得手。据说，英国维多利亚女王就非常喜欢别人奉承她。当时的首相迪斯雷利曾公开承认自己常常奉承女王，并且为自己逢迎拍马的高超手段而自诩。

在社交应酬中，经常会碰到对你献媚的人，为了避免自己被他们的迷魂汤灌醉，然后被他们任意宰割，一定要保持头脑清醒，小心提防。如何对付这些人呢？

首先，你应该仔细观察那些经常赞美你的人，并分析他们的动机。他对你的赞美有多少是与事实相符合的？他是不是对你有什么需求？这些需求是否与原则相违背？如果你还没有被他的溢美之词弄得得意忘形的话，如果你的头脑还保持清醒的话，你最好拿这些问题来问一下自己。这个人以前对你也是这样吗？一定要认真想一想。把这些问题想清楚了，你基本上就可以给他定性了。

其次，坚持原则。办任何事情，都有一定的原则可以遵循。那些希望通过逢迎拍马来讨好你的人，往往不愿意通过正当途径从你这里得到他想得到的东西。他们希望你背弃原则，给予他们特殊照顾。因此，如果你态度明确，坚持原则，决不让任何人有隙可乘，那么无论谁来奉承巴结你，都达不到目的。

有些人对你不停地逢迎巴结，好话连篇，如果你不给他明确的态度，他就决不会死心，总是幻想你会被他打动。因此，如果你不想被他继续干扰，那最好是明确告诉他应该如何争取他应该得到的权益，耐心向他讲明任何非正当的途径都无济于事。如果你有足够的耐心，不妨帮他分析情况，告诉他在不违背原则的条件下如何做才能使自己具备优势。这样不但会打消他希望通过献媚讨好的途径捞取好处的念头，也使他感觉到你是在热心帮助他，不至于对你产生怨恨。

应酬学专家告诉你

越是喜欢逢迎拍马的人越关心自己的利益，他们也比其他人更关心自己的荣誉和尊严。虽然这种人行为不讨人喜欢，但是，谁如果指责他们，就会使他们的自尊心受到比其他人更严重的伤害。因此，没必要恶语相加，刺激他们的情感。

对搬弄是非者敬而远之

在一棵高大的橡树上，住着三种动物。老鹰在树梢上筑巢养育小鹰，猫住在树干中间，生下几只小猫，野猪一家则藏身大树根处的洞里。可是猫却想独占整棵大树，于是想了一个主意。它爬到上面老鹰那里，对它说："下面的野猪天天向上拱，迟早会把我们的大树拱倒，那时我们就成了它的盘中餐。"老鹰听了很不安。接着猫又到树下，告诉野猪："你要小心，老鹰正盯着你的孩子，你一旦出门打猎，它就会下手。"野猪也被它的话给吓住了。

从此，猫白天装作害怕待在家里，夜里偷偷出去觅食。而老鹰和野猪却因为听信了猫的谎言，整日守在家中不敢外出觅食。因为断了食物来源，老鹰和野猪两家坐吃山空，渐渐地都饿死了。猫的阴谋终于得逞，如愿以偿了。狡猾的猫之所以要从中挑拨，就是因为它希望独自占有大橡树。而它之所以能够得逞，则完全是因为老鹰和野猪轻信它的谎言。

为什么有些人会搬弄是非呢？要回答这个问题，就得弄清楚搬弄是非者的心里在想什么。人们决定做某件事情，无非是想从中得到好处。即使是出于报复的目的，也还是为了从别人的失败和痛苦中获得快乐。搬弄是非者之所以往往能够得逞，主要是利用了人们偏听偏信的弱点。如果每个人都能够根据自己的观察和思考来对事情下判断，不轻信第三方所说的话，那么，搬弄是非的人就没有用武之地了。

在生活当中，我们经常会碰到喜欢搬弄是非的人。如何对付这种小人呢？最主要的办法就是要养成正确判断事物的习惯。俗话说："眼见为实，耳听为虚。"不经过自己亲眼所见，只听见别人传给你的间接信息，应坚决不轻易做出判断。兼听则明，偏听则暗。在下一个结论之前，一定要眼观耳闻，利用多种感官，通过多种渠道，进行全方位的调查，获得充分深入的了解。

为什么搬弄是非者能够达到目的？就是因为人们总是在只掌握了一点有限的信息的时候，就草率地下结论。只有最大限度地发挥所有感官的作用，才能了解到事情的真相。所以，一个正确的认识方法非常重要。自己有了正确的判断，就不会仅仅根据传言就轻易做出判断。

另一方面，如果有人在别人面前搬弄你的是非，你应该怎么做呢？首先是要积极主动地让别人知道真相。说明真相，就是对挑拨者最有效的揭露和还击。最好不要跟他闹翻脸，否则会使他气急败坏，记恨在心。有些人平时为人还算老实，偶尔搬弄一次是非，只是因为一时鬼迷心窍。对这种人，事实澄清以后，就不要继续追究了。倘若他已经为自己的错误行为感到后悔了，就应该主动安慰他，告诉他你并不在意。但是，对于那些经常在别人面前中伤、污蔑你的人，就应该给以适当的还击。除了澄清事实之外，还应该不卑不亢地告诫他：不要搬弄是非，否则最后会自食其果。

应酬学专家告诉你

如果事先已经知道某某人善于搬弄是非、挑拨关系，最好的做法是敬而远之。避免接触，使他对你的情况缺乏了解，是最好的防范措施。尽量不要与之发生任何利害关系，这样就可以避免成为被他算计的目标。

骄横霸道的人要巧治

《伊索寓言》中有个驴子智斗一匹狼的故事:

一头驴子看到来了一匹饿狼,想跑已经来不及了,于是灵机一动,躺在地上假装呻吟起来。

等狼走过来准备吃它的时候,驴子说:“我知道迟早会成为你的口中食。可是刚才我的左脚里扎进了一根刺,现在还在里面。如果不把它拔出来,一会儿你吃我的时候,恐怕会扎你的喉咙。既然我已经成为你的口边美食,为什么你不帮我把刺拔出来,等会儿吃的时候更放心呢?”

狼觉得驴子说得有道理,于是凑到驴子的左脚附近,想看一看刺在哪儿。就在这时候,驴子突然对着狼的脑袋狠狠地踹了一蹄子,当时就把饿狼踹得晕倒在地。于是驴子爬起来,逃命去了。

伊索说:对付那些骄横跋扈并且确实有实力的人,就应该像聪明可爱的驴子一样,用聪明去战胜对方。这个时候,蛮干是不可取的,那样只会使自己更为被动。

骄横霸道的人缺乏修养,不懂得尊重别人。他们性情暴躁,缺乏自我控制意识和能力,而且心胸狭窄,心里受不得半点委屈。有些骄横霸道的人是因为有所恃仗,单靠他们自己个人的力量,多半不敢对别人逞强,他们只是欺软怕硬,真正碰到更硬的“石头”,要不就乖乖躲避,要不就撞得头破血流。

从这些特点来说,这类人是不值得与之深交的。因此,除非不得已,在碰到这类人的时候,最好的策略就是敬而远之,少碰为妙。俗话说:“交友不慎,自种祸根。”由于这类人行事暴戾,往往也会目无法纪,总有一天会触犯法律。跟他们混在一起，处理不好，就会被他们拖累。惹不起，躲得起，从长远的利害关系来看是如此，从交往活动本身来看，也应该避免与这类人来往。因为他们的待人原则是“谁敢惹我，就让谁难受”，纯粹是强盗逻辑。他们都不会把公认的社交规则放在眼里，对于他们来说，与别人交往，不过是从别人身上榨些好处，即使对方不愿意，也会用凌辱和欺压手段迫使对方低头。所以，跟这类人交往，不但得不到半点好处，而且还往往自取其辱。不要指望可以跟这类人讲道理，不要指望从他们那里得到自己的权益。但是，有时为了其他的原因，你不得不面对这类人。如果是这样，那应该怎么办呢？

一是不要怕他。越是霸道之人，越是软弱。你若是向他们示弱，反而会助长他们的气焰，使他们更加目中无人。所以，越是面对强横之人，越是不要退缩。说到底，他们能拿你怎么样呢？顶多不过显显威风而已。

二是头脑冷静。保持理智清醒的状态，避免事态扩大。如果你对他们的嚣张气焰毫不在乎，他们就会感觉到自己没有意思，气焰自会减弱。保持理智冷静，也是为了使自己能够集中精力，寻找他们的弱点。等待机会来临的时候，就可以任意左右他们了。

三是依靠众人的力量，挫其锐气。当骄横霸道的人得知与你作对也就是与众人作对的时候，就会主动收敛。如果对方不识时务，任性妄为，就会引起众怒。这种做法，不是玩弄伎俩，而是一种策略，一种团结众人维护正义的策略。

应酬学专家告诉你

如果你与一个强横之徒单独相遇，就得靠自己个人的力量来对付他了。在这种情况下，你首先要看看对方是不是色厉内荏，如果他只不过是要要嘴皮子，就应该义正词严地进行劝诫，让他明白，讲狠不如讲道理，有理不在声高，应该坐下来慢慢交流，通过商量寻求问题的解决办法。

不要触犯忌讳多的人

有一位姓韩的先生特别重视语言方面的忌讳，如果有谁在他面前说了不太吉利的话或者用了不太吉利的词，他就会非常生气。

有一年腊月，韩先生家里做年糕，把他的侄子请过来做帮手。南方人做年糕，是一件辛苦活儿，特别是把蒸熟的米粉放在石臼里用粗擀面杖捣的时候，至少需要两个人，而且特别累。韩先生和侄子两人各拿一根擀面杖，嘿哟嘿哟地往石臼里使劲地捣，叔侄二人不一会儿就都累得气喘吁吁。韩先生直起腰来，对侄儿说："歇会儿吧！"他的侄子于是也停下来，随口说了一句："都快累死了！"韩先生一听，非常生气，对侄儿说："你回家去吧！我宁可一个人干这活儿，只要耳根清净！"

世界上的人形形色色，有时候你只不过说了一句极为平常的话，却招来对方一顿大骂。为什么？因为你触犯了他的个人忌讳。可是，因为事先并不了解他，如何知道他有什么忌讳呢？更何况，他的忌讳完全属于他个人习惯，不像民族禁忌、宗教禁忌或者特殊节日禁忌那样为众人所熟悉。

个人忌讳，有些是有其存在的背景的。这些背景，有宗教方面的，有民族风俗方面的，有特殊节日方面的，有家庭方面的，还有历史方面的。譬如佛教徒忌食荤腥，回族人忌食猪肉，春节前后忌说不吉利的话，有些家庭忌讳别人询问相关的人和事，等等。由于背景不同，每个人的忌讳也有所不同。

有些人忌讳之多，超过一般的人。这主要是两个方面的原因造成的：一是性格特点，这种人往往行事谨慎，防范甚严，生活在这个世界上，对于他们来说，就像《易经》所说的"如履薄冰，如临深渊"。时刻都有可能碰到危险。因此，这种忧患意识使他们事事细心留神，唯恐出现一丝差错、一毫漏洞。二是观念闭塞，这种人虽然从来没有见过鬼神，也不敢确信真的有鬼神，但是，在他们的头脑里，觉得“宁可信其有，不可信其无”的策略更稳妥。正因为有着这种态度，所以对许多迷信或者巫术方面的禁忌都非常重视，唯恐说漏了嘴，不吉利的话会应验，所以忌讳很多。

与忌讳较严较多的人相处，首先，一定要尊重他们的忌讳。对他们来说，尊重他们的忌讳，就意味着尊重他们的人格和感情。如果可能，在与他们接触之前，最好是能从别人那里了解一下他们的性格。这样，在面对面的时候，就不会无意中触犯他们。其次，如果在交往时已经不小心触犯了对方，就应该立即问明缘由，在弄清楚对方的忌讳以后，一定要马上向他们道歉：“实在对不起！我事先并不知道您对此非常在乎。俗话说，不知者无罪。请您原谅，决不会再有第二次！”切不要对他说：“你这个人怎么这么古怪？别人都不在乎，偏偏你跟别人不一样。”如果你这么说，就有可能把问题闹大，最后难以收拾。对那些动辄因忌讳被别人触犯而生气的人，如果你与他们关系较为密切的话，就一定要劝告他们，尽量消减忌讳，扫清与人交往的障碍。尤其是对那些迷信或巫术方面的忌讳者，要多给予帮助，给他们讲道理，劝他们多读一些科学和哲学方面的书籍，提高思想认识，廓清陈腐观念。

应酬学专家告诉你

与忌讳较多较严的人打交道，一是尊重，二是宽容，三是帮助。而对于那些忌讳较多较严者本身来说，也要尽量宽容他人，要知道，不知者不为过，对别人最好不要太苛求。

与忌妒心强的人保持距离

孙膑和庞涓是同学，拜鬼谷子先生为师一起学习兵法。

后来庞涓当了魏国的大将，一连打了几个胜仗，后来连齐国也被他打败了。打那时候起，魏惠王更加信任庞涓。庞涓自以为是了不起的能人。可是他知道，孙膑本领比他强。据说孙膑是吴国大将孙武的后代，只有他知道祖传的《孙子兵法》。魏惠王也听到孙膑的名声，有一次跟庞涓说起孙膑。庞涓派人把孙膑请来，跟他一起在魏国共事。

庞涓害怕孙膑威胁到他的地位，又忌妒孙膑的才学，想把他手中的《孙子兵法》据为己有，就在魏惠王面前诬陷孙膑私通齐国。魏惠王十分恼怒，把孙膑关进监狱，在他的脸上刺了字，还剜掉了他的两块膝盖骨。

后来齐国派人救出了孙膑，孙膑作为齐国的军师，用"减灶添兵"的计谋把庞涓率领的魏军诱进马陵道，并一举歼灭。庞涓走投无路，只得拔剑自杀。

忌妒就是把别人的长处和成绩变成毒气来伤害自己和他人。当然，这只是一个形象的说法。从心理特点来看，产生忌妒心态的原因主要有以下几种：一是自视甚高，觉得周围的人都不如自己，一旦有人超过自己，证明并不像他所想的那样，就会使他的自尊心受到打击，造成不愿意接受现实的怨愤心理。二是私心严重，对成绩和荣誉有着强烈的渴望，但是自己又不愿意通过努力和付出汗水去争取，一旦有人取得成绩和荣誉，才意识到自己已经落在后面。荣誉被别人取得，会使他产生强烈的失落感，好像自己珍爱的东西被别人夺走。三是心胸狭隘，不能忍受半点委屈，不能承受任何挫折，不能容忍别人超过自己，一旦落后，不是勉励自己奋力赶超，而是迁怒于他人。

忌妒是一种病态心理。它不但影响团结,妨碍他人进步,而且也使自己遭受心理痛苦,影响自己的正常工作。忌妒造成的危害,有时会达到危险的地步。因此,在现实生活中,我们一定要妥善处理与忌妒心严重的人的关系。

一般情况下,对待忌妒心严重的人要宽宏忍让,尽量避免与之争斗。你之所以被他忌妒,是因为你有超过他的地方。他的忌妒,并不能使你的成绩和荣誉失去光彩。对他的冷言冷语,不必在意,你还是你,不会因为忌妒而逊色。如果你能以不在乎的态度来对待别人对你的忌妒,那么,忌妒者的忌妒除了给他自己制造痛苦之外,将一无所获。再锋利的刀,也不能把水劈开。因为当刀劈向水的时候,水总是让开。忌妒就像一把刀,如果你能主动避开它,就永远不会被它所伤;倘若你以硬碰硬,就有可能刚好撞在刀刃上。避开忌妒者的攻击,是宽宏的一种方式。

宽宏的另一种方式,就是不但不以牙还牙,而且还要主动地帮助他。忌妒者因为不如你才忌妒,所以,作为一个强者,应该不去计较他的过失,反而应该劝慰、鼓励他,甚至手把手地教他,使他得以提高,向你靠近。但是,千万要注意,帮助他的时候,不要摆出胜者的姿态,那样只会使他妒火更盛,应该非常谦虚,非常耐心地告诉他如何做得更好。当他在你的帮助下取得进步,赶上你的时候,他的妒意就会慢慢消散。

应酬学专家告诉你

取得了成绩,或者有了过人之处,就大摇大摆、盛气凌人地到处宣扬,唯恐别人不知道,这样做,最容易招人忌妒。批评往往会跟在荣誉身后找上门来。越是引人注意的事,越应该收敛内藏。

对性格急躁的人要有耐心

一个单身汉，住在用茅草搭起的房子里。他勤劳耕种，自食其力。渐渐地，油、盐、酱、醋之类的生活必需品越来越齐备了。但是令他恼火的是，草房里老鼠成灾，白天乱窜，晚上乱叫，还磨牙，终日闹个不休，这汉子满腹怨气，他本来就是性情急躁的人，他已经忍无可忍了。一天，这汉子酒喝多了，躺在床上睡觉，这时老鼠们闹得更凶了，似乎是故意惹他生气，汉子怒火万丈，一把火把房子烧了个精光，老鼠是全没了，可他的家业也没了。

在生活中，性格急躁的人经常干出这种让人觉得无可奈何的事情。与性格急躁的人谈话，稍不注意，就惹得他大动肝火。本来谈得好好的，一眨眼，他就跟你吵起来，又是拍桌子，又是摔东西，根本没办法把谈话继续下去。如果遇上了性格急躁的人或者需要和他们相处，应该怎样处理好双方的关系呢？

首先，应该对急躁性格的人有初步的了解。就是说，你如果已经跟他相处了很长一段时间的话，就应该对他的性格特点有所认识。知道这个人容易动怒，就应该有所准备，在与他谈话或共事的时候，就要注意避免刺激他。

尽量对他宽容一些，不要为了一些小问题与他争执。因为对于一个脾气大的人来说，小小的争执就是引发爆炸的导火索。与他谈话的时候，尽量语气平和，用商量或者征询的方式跟他交谈。如果他执意坚持某个观点，你也不要与之辩论，避免他因此而冲动。如果你所面对的是一个初次见面或者以前接触不多的人，他性格是否急躁，你是无法事先知道的，在这种情况下，你就要留个心眼，在与他谈话的时候，仔细观察他的反应。尤其是在你们意见相左的时候，看他是不是不耐烦的样子：是否语无伦次，是否情绪激动，是否变得更加强硬，是否开始瞪眼睛、挥舞双手、唾沫飞溅，是否离开座位在屋内来回不安地走动，他的用词是不是透露着倔强。通过细心观察，你完全可以判断出他是不是急躁之人。如果他有这些反应，你就要改变自己谈话的策略，由硬变软——所谓变软，并不是让自己妥协，而是改用商量征询的口气表达自己的观点，改正面交锋为侧面牵引。就像两军对阵，如果敌人正面火力太猛，我方就应该从侧面迂回，转移敌人的视线。一旦发现对方已经激动起来，就应该暂时搁置争论的问题，转换一个新的问题来谈。或者中止对话，给他倒杯茶或递给他一把扇子，使气氛缓和下来。稍后再继续交谈。

如果你与某人交谈，因为与之争论，使他大发雷霆，而你也一时激动，不能控制自己，结果大吵了一通，弄得不欢而散，在这种情况下，应该如何修复关系呢？你首先要做的就是说服自己。如果你对他还怀着怨愤，就急匆匆地跑去对他说："我希望咱俩能心平气和地坐下来慢慢地商量……"多半不会有什么效果，你们也许会重燃战火，弄得更难收拾。真要想重修旧好，就必须先让自己平静下来。你应该告诉自己："昨天的争论，既有他的责任，也有我自己的责任。'一个巴掌拍不响'，如果我能克制自己，对他宽容一些，忍让一些，决不至于弄成这样。看来，我应该好好检讨一下。"然后，再把前一天争吵的问题细细想一遍，考虑一下新的对话方式。只要你有诚意，能耐下心来，放下架子，慢慢地与他"纠缠"，总会有说服他的那一刻。

应酬学专家告诉你

性格急躁的人，大多数为人直爽，说话不会拐弯抹角，而且不会算计人。其实，这类人的优点比他们的缺点更重要。一张虽然愤怒但却真诚的面孔，要比一张微笑但却虚伪的面孔珍贵得多。

对贪婪自私的人有节有度

管仲青年时经常与鲍叔牙交往，鲍叔牙知道他是个贤才。管仲家境贫困，常常欺骗鲍叔牙，鲍叔牙却一直很好地待他，不将这事声张出去。后来鲍叔牙的主公——齐国的公子小白当上了齐王，鲍叔牙就推荐管仲作宰相。

管仲说："当初我贫困的时候，曾经同鲍叔牙一道做买卖，分财利往往自己多得，而鲍叔牙不将我看成贪心汉，他知道我贫穷。我曾经替鲍叔牙出谋办事，结果事情给弄得更加困窘和无法收拾，而鲍叔牙不认为我愚笨，他知道时机有利和不利。我曾经三次做官又三次被国君斥退，鲍叔牙不拿我当无能之人看待，他知道我没遇上好时运。我曾经三次打仗三次退却，鲍叔牙不认为我是胆小鬼，他知道我家中还有老母。公子纠争王位失败之后，我的同僚召忽为此自杀，而我被关在深牢中忍辱苟活，鲍叔牙不认为我无耻，他知道我不会为失小节而羞，却为功名不曾显耀于天下而耻。生我的是父母，了解我的是鲍叔牙啊！"

在现实生活中，像管仲那样欺骗同伴，多分给自己财物的人有不少，但同样有雄才大略的却不多；像鲍叔牙那样被人欺骗的人有不少，但能慧眼识人的也不多。

在激烈的社会竞争中，为获得幸福而对财富、地位和美名的追求，常常会演化为一种游戏，就像一种叫做"贪吃蛇"的电子游戏，只要生命没有停止，就要把能够咽下去的东西全都吃光。人生追求财富、地位和美名的游戏，就像"贪吃游戏"一样，吃得越多，越觉得快乐，只要还有一口气，就不会满足。喜欢在生活中玩这种游戏的人，就是贪婪之人。贪婪必伴随自私而存在，所以贪婪之人也必是自私之人。

在社交活动中，人们都希望对方慷慨大方，先人后己，希望通过彼此相互谦让和相互帮助，达到双赢的目的。因为只有这样做，交往才能继续下去。这也就是社会交往为什么要遵循开放互赢原则的原因所在。贪婪自私违背开放原则，不适于社会交往，因此遭到人们的普遍反对。如何处理与贪婪自私的人的关系呢？

首先，要尽量避免与贪婪自私的人接触。从本质上说，人们之所以参与社会交往，最终的目的还是希望得到好处。因为人们公认交往的双赢原则，相信交往可以使双方都能有所收益。

其次，慷慨大方。如果你不得不与他们打交道，就得去面对他们。越是对那些贪婪自私的人，越应该显得慷慨大方，不要跟他们斤斤计较。正确的社交行为应该遵守一个原则，那就是：尽量不要制造敌人。因此，不要使他们对你产生怨恨。他们不是希望别人对他们慷慨吗，那好，就把他们应得的那部分给他们吧。或者更大方一些，尽量施舍一些无关紧要的东西给他们，把他们打发了事。不要心疼。贪婪的人喜欢占小便宜，往往一点好处就能换来他们的好感。

应酬学专家告诉你

如果那些被贪婪侵染的是你的朋友或者关系密切的人，就应该给予他们帮助。最好是采用暗示或者讽喻的方式委婉地告诉他们，过分贪婪只会自食恶果。要想方设法帮助他，转化他，使他成为一个心理健康的人。当然必须要讲究方式方法，决不能用蔑视的言辞刺伤他，否则不但不能使他改除坏习惯，还会使他成为你的敌人。

对猜疑心重的人以诚相待

有个富翁独自旅行时路过一个小村庄，一个好心人留他在家过夜。到了晚上，富翁给装钱的小箱子上了一把锁。主人看到以后，心里十分气愤，也给那只小箱子上了一把锁。

富翁奇怪地问道："你为什么要在我的箱子上上一把锁？"

主人反问道："那么你为什么要在上面上一把锁？"

富翁回答道："我一向有个习惯，在陌生人家里住必须上锁。万一有人拿我的东西怎么办？"

主人回答说："我和你有同样的习惯，留陌生人在家里住，我也要十分留心，万一有人偷我的东西往箱子里装怎么办？"

富翁哑口无言，只好把锁打开。主人最后也把锁打开了。

猜疑是在缺乏客观依据的情况下怀疑他人，乃至做出自己将受到他人威胁伤害的判断，往往是经历过挫折的人的一种消极心理防卫方式。疑心重的人过于警觉敏感、气量狭小、孤独封闭、郁郁寡欢，容易造成消沉悲观的心境。正是"无端愁绪凭空来，全因猜疑生风雨"。研究表明：猜疑心过强会加重心理压力，使精神处于紧张状态，长此以往可能会导致孤僻、怯懦、神经质，甚至形成偏执性人格或妄想性人格，对身心健康极为不利。

猜疑往往是彼此不了解、掌握有关信息过少的结果。猜疑产生后，常常又加剧了彼此的隔阂。明了此理，就应主动地增加接触，在交往过程中客观地观察、了解和把握怀疑对象的有关情况，最好能与对方进行开诚布公地交谈。结果你可能会发现，促使自己产生猜疑之心的原因，可能是错误信息的传入，可能是一句不经心的玩笑话引起的误会，也可能是一些庸人、小人搬弄是非所致。

疑心重的人思虑过度，凡事都往坏处想，说者无心，听者有意，捕风捉影，无中生有，对己对人害处多多。正如培根所说：“猜疑之心犹如蝙蝠，它总是在黄昏中起飞。这种心情是迷陷人的，又是乱人心智的，它能使你陷入迷惘，混淆敌友，从而破坏人的事业。”

要防治猜疑心理，应确立一个基本观念：世界是光明的，世上绝大多数人是好人。只要信守这一积极正确的信念，就不会以偏概全地给人贴上坏标签并“按图索骥”，就不会“一叶障目，不见泰山”。如果感到自己的猜疑心理日益加重，就应冷静反思并及时转换思维方式。

有猜疑心理的人要调适自己的心态，我们也要学会与猜疑者相处。

首先，应培育爱心，从对小动物的爱到对人的爱。猜疑总是从坏的方向猜测，是一种没有爱心的表现。

其次，培育宽容的心理品质，宽容就是承认差异，降低对别人的要求。能够宽容别人是与人坦诚相处的首要条件，因为宽容是深思熟虑的素养，是内心深处去除荆棘的法宝。

不管是调适自己，还是对待猜疑的朋友，调整思维办法都是极其重要的。如果你遇到朋友乃至领导对你猜疑，并且一直解释不通，这种情况下你只需坦然相处，等待水落石出；如果是关系利害重大者，可诉诸法律。

应酬学专家告诉你

疑心的产生，必然有一些诱因，或者是对方的过失，或者是彼此的误解。在这种情况下，要开诚布公地、及时地把问题摆到桌面上，用善意的、讨论的方式交换意见，澄清事实，消除疑惑。

要留心阴险的人

楚国的太子建，因为在众王子的权力斗争中不幸失败，而被其他王子取代。为了防止他东山再起，新的太子便秘密地派人将建杀死在郑国。建的儿子胜，为了防止新的太子对他斩草除根就跑到吴国隐居起来，表现出一副与世无争的态度。让人觉得他淡泊名利，没有丝毫野心。

楚国的令尹子西认为胜还是个值得一用的人才，于是便想把他召回来，为国效力。大臣沈子高听说了这件事情，便去劝阻子西。他说："我听说胜这个人心地狭窄，为人狡诈，犯上作乱，十分阴险。他的父亲建是被楚国废黜后秘密谋杀的，他又是那样一个性格孤傲急躁的人，他一定不会忘记自己父亲被杀的宿怨。现在他没有报仇的机会，以后一旦他得了机会一定会报仇的。"子西不以为然，认为沈子高这是危言耸听。后来胜掌管了与吴国接壤的边防军队，发动叛乱，在朝堂上亲手杀了子西和楚王，为自己的父亲报了仇。而这一切都被沈子高言中了。

大千世界，人的性情可谓千姿百态。假如同样是不说话，有些人看上去和颜悦色，有些人则是沉静安闲，有些人是浑穆渊涵，有些人是眉飞色舞，有些人是刚劲流露，有些人则是呆若木鸡，其神情各有不同。

然而，最可怕的神情莫过于面罩严霜、阴森难测，在说话的时候可以区分出其中的不同，更可由其声音语调中，辨别出这类人与别人相异的地方来。阴险人，刻毒阴狠，城府极深，对不如意的事，存有报复，对不如意的人，常想剪除。

这样的人由疑生忌，由恨生狠，轻拳还重拳，且以先下手为强，宁愿打错了好人，也不肯放过了敌人，抱着"与其人负我，不如我负人"的观念。

并且是“不疑则已，疑则莫解，不意则已，意则必剪除之”以为快。其人喜怒不形于色，怒之极，反有喜悦的假相，使人毫无防范。他的报复之术，又往往出人意料，或借刀杀人，以他人为刽子手，表面上好话说尽，暗地里坏事做绝，使人虽身入陷阱，却不知道陷阱是谁设的。

总的来说，心地阴险的人，绝不会吃了亏就此罢休，他们大都会采取报复的手段，而且总是施以陷害的毒计。假如你的领导，不幸就是这种人的话，那么你就会如临深渊，如履薄冰，朝惧夕惕，兢兢业业，一切唯领袖之马首是瞻，卖尽你的力，隐藏你的智。卖力易得其欢心，隐智易使其轻视，轻视你自不会防你，轻视你自不会忌你，如此一来或许倒可以相安无事。但是，与这样的人长期相处，必会受其所害，如果希望有所表现的话，劝你还是从速作远走高飞的打算。

阴险的人，奸诈百出，只为自己打算，丝毫不为朋友着想。他与人相处，一定是看中了人家的某一点，认为可以利用。此时，须用敬而远之的态度对待他。远而不敬，必会遭到怨恨，远而诽议，尤多危险。

如果错把对方之老成、深算误以为是沉静，你纵然以诚待之，他仍报以虚伪。因此，千万不要过于自信，如果有办法将他收为己用最佳。但是，你还要知道他是个天生我用的人，不是被人用的人。即使是他表现得甘受你的驱使，这是因为他认为时机还未到，绝不是诚心服你。倘若一旦被他抓到了机会，必定马上反客为主，他为刀俎，你为鱼肉。

应酬学专家告诉你

在社会交往中，我们会遇到各种各样的人，但如遇到阴险狡诈的人就要注意了。这样的人不但心胸狭窄，吃不得一点亏，而且善于算计、陷害他人。因此，若碰上这样的人要万分小心，尽量不与之打交道。

与正直豪爽者大方相处

正直豪爽，就是行事端正，不玩弄阴谋诡计，并且慷慨大方，果断利落。同那些唯利是图者相比，正直豪爽之人，确实是显得光彩四射，令人钦佩。在社交活动中，人们都愿意与这类人来往，因为跟他们相处，会让人感到安全可靠，心情愉快。当然，由于正直豪爽之人多半厌恶自私自利要弄阴谋的小人，所以，有些当面逢迎巴结、背后玩弄诡计的好利之徒，往往不愿意与他们来往。就像黑夜总是害怕阳光一样，奸邪小人多半忌惮正直豪爽的义士。

在与正直豪爽的人相处时，虽然会感到心情愉快，但是，为了能使相互的沟通效率更高，交往中还是应该有所讲究。

第一，在礼节上不要太拘泥。豪爽之人不喜欢繁文缛节，希望做任何事都痛痛快快，直来直去，心里想什么，嘴上就说什么，没有必要遮遮掩掩。因为只有那些心中有鬼的人才需要掩饰。满腔正义、胸怀坦荡的人，不需要吞吞吐吐。正直豪爽者，也希望同正直豪爽的人来往。所以跟他们交往，一定不要优柔寡断，犹豫不决；而且不要拘泥小节，所有的形式，在他们看来，都是多余的累赘。

第二，要胸怀坦荡。不要在正直豪爽的人面前要弄阴谋诡计。切忌对他们说甜言蜜语，更不要送礼物贿赂他们，否则他们会把你当成献媚的小人。说话要诚实，行事要端正。如果对他们有意见，就应该如实向他们提出来，不要闷在心里面或背后嘀咕，那样会使他们感觉你不够痛快。

第三，要慷慨大方。性情豪爽的人，多半心地善良，有侠义之气，对金钱从不吝啬，常常慷慨解囊帮助那些有困难的人。与他们打交道，也应该慷慨大方，不要斤斤计较个人的得失。

第四，要有正义感。这类人本身行事端正，轻利重义。因此，他们对那些唯利是图、不顾正义的人非常痛恨。这么做，并不是提倡“见人说人话，见鬼说鬼话”。两面三刀、阳奉阴违是小人惯用的伎俩，当然不值得仿效。之所以要提倡以正直豪爽对正直豪爽，是因为这么做既有利于使他们感到与你志趣相投、增加对你的好感，从而在欢愉的气氛中有效沟通，又能使自己在品性上得到提高。古人说：见贤思齐。看到品行高尚的人，就应该把他当做学习的榜样。高尚的品性，不是生来就有，而是后天有意识地培养得来的。所以，应该主动向那些正直豪爽的人学习，努力养成正直豪爽的品性。人们常说：近朱者赤，近墨者黑。与豪爽正直之人接触得多了，自己也就会逐渐被同化。

第五，与豪爽正直的人交往，除了要通过交往加强事业方面的合作和促进感情交流之外，还应该主动学习他们如何做人。

但是，学习他们，不要只得其形，不得其神。豪爽正直，是有着高层次的内在思想情操作为基础的。他们心底无私、轻利重义的情怀，体现在言行上，自然就会豪侠仗义、直来直去。这种行事方式不是故意做出来的，而是从内心流露出来的。有些人模仿豪爽之人，大碗喝酒、大口吃肉，而内心却始终放不下那点蝇头小利，这种假装的豪爽，明眼人一看便知。有些人模仿正直之人，口无遮拦，大手大脚，做事说话不加思量，其实这并不是真正的正直，而是粗鲁莽撞，头脑简单。豪爽正直之人，不仅仅是拍胸脯、重承诺，做事直来直去，而且他们有头脑，重感情，仗义敢言，豪爽而不粗鲁，直率而不失礼节，解囊扶困而不姑息小人。不懂得这些，则只会学其皮毛。

应酬学专家告诉你

遇到豪爽正直的人，就应该尊重他们，并且要主动与他们交流，争取成为他们的朋友，对他们不拘小节的性格，即使不太习惯，也要用欣赏的眼光去看待。跟他们交往，除了合作之外，更重要的是要向他们学习。交结了这样一位朋友，也就得到一位优秀的老师。

让沉默的人开口

销售员贝克发现自己的老主顾宾菲利先生最近情绪不太好，当他想商谈下一季度供货合同的问题时，宾菲利先生显得闷闷不乐，对他所说的话似乎没有兴趣。贝克就借故告辞了，说下午再谈。

走出宾菲利先生的办公室，聪明的贝克与宾菲利的秘书汤普生小姐闲聊了一会儿，得知宾菲利先生的太太最近在大街上被汽车撞伤了左腿，现在还在医院治疗。

于是贝克下午来找宾菲利先生的时候，抱怨道："刚才我经过第七大街的时候，差点被一辆超速轿车撞翻。如果我反应迟钝一些，我想我就已经见不着您了。"接着，他把那些违章驾车者臭骂一通。宾菲利先生感觉到贝克的话说到了自己的心坎上，于是与贝克一起把肇事司机埋怨了一通。他还把妻子的不幸遭遇告诉了贝克。

当贝克从宾菲利办公室走出来，向汤普生小姐说"再见"的时候，他的皮包里已经有了一份宾菲利先生刚刚与他签好的下一季度的供货协议。

应酬谈话，最好的方式就是聆听，可是，如果对方对你的问题保持沉默，只等着听你说话，那怎么办呢？

有些人是因为自己笨嘴拙舌，不知如何表达，所以干脆不说话或者少说话。不过，这种人虽然嘴笨，但脑瓜可不笨。他们之所以难以表达内心所想，实际上是因为担心表达不准确，会引起误解。所以，针对他们，你首先要消除他们心中的胆怯和顾虑，鼓励他们大胆地说。在与他们谈话之前，你最好是充满热情，以你眼前所见的跟他们相关的事物为话题，不要迫切谈论正事。譬如室内摆设、工作流程、上下班路线、住房情况等等，一旦他们开口说话，你所要做的就是通过赞美或者附和，使他继续谈下去。如果他们的话没有说完，你千万不要打断，那样做会使他的思路突然中断。到那时候，想重新引他们开口，就又得费上一番脑筋，那就等于又回到了起点。

还有些人对你想与他谈的事持反对意见，但是感觉到说了也没有用，于是干脆以沉默表示反抗。对付这类人的办法，就是要让他把不同的意见说出来。对方一旦开口，你就应该认真聆听，中间经常用“是的”、“哦，原来是这样”、“嗯嗯，是这样”这类语言鼓励他把话说完，等他把胸中的不满全部倒出来后，他的抵触情绪也就消除了。

有些人由于曾经有过某种特殊经历，自然而然会产生封闭心理，轻易不愿与人交流。对付这种人应首先弄清楚他到底有过什么特殊经历，并设法让他觉得你与他有相似的感受，要帮助他把内心的隐忧倾诉出来。比如前面故事中的宾菲利先生。当有人帮他把苦水倾诉出来以后，封闭的心灵之门也就打开了。

人们不说话，有时是因为对话题毫无兴趣而缺乏参与交流的激情。能够让人产生兴趣的事或物，无非两种：一是事物本身有意思，具有吸引力；二是事物与人的切身利益紧密相关。前者是好奇心，后者属于自我保护意识。如果一件事物很有意思，或者与之相关，人们就会产生迫切了解的冲动。根据以上所述，要想使沉默寡言的人参与谈话，就是一件容易的事了。关键就是要激发他讲话的冲动。因此，对付这种人的方法，就是改变自己进入话题的方式，或者使话题富有趣味和吸引力，或者暗示出所谈内容与他具有的利害关系。

应酬学专家告诉你

碰到沉默寡言的人，首先应该分析他究竟属于哪一类型，然后对症下药。就像开一把锁，必须先看清是什么锁，然后才能确定用哪一把钥匙。不管三七二十一，随手拿了一把钥匙就往锁孔里插，想要一次就把锁打开，那是不可能的。

让话多的人闭嘴

与沉默寡言的人相反,有些人一旦说起话来,就口若悬河,没完没了,其他人根本插不上嘴。他们仿佛无所不知,无所不晓,但是你会发现,与他交谈整整一个下午,却什么问题也没有解决。碰上这样的"话筒子",也不会让人好受。

这种人一般有三个特点:一是自我感觉良好,并且对人热情;二是思维敏锐,头脑反应迅速,知识面较宽;三是自我控制能力较弱,容易冲动,管不住嘴巴。

遇到这种人,如果任凭他一个人发表演说,那就什么事情也干不成了。但是你又不能因为插不上话而在一旁干着急,应该设法使他多听少说,把说话的机会尽量留给别人。如何做到这一点呢?

这要视情况而定。如果是群体集会,有这种人在场,就得有一个公认的人来主持发言,局面应该由主持人来控制。如果事先彼此相互很了解,知道什么人管不住自己的嘴巴,主持人在开始的时候,就应该宣布发言规则,诸如发言顺序、发言时间限制、发言围绕什么主题,等等。这样做,既可以防止"话筒子"们多次发言,也可以防止他们发言时间太长,同时也让他们自己心里有个准备。如果他们在发言的过程中,忘记了规则,控制不住自己,主持人就应该在适当的时机把话头从他们嘴里接过来,稍加评点,然后再提醒大家:"为了节省时间,让更多的人发表自己的看法,我再次请大家尽量长话短说,把意思表达清楚就行,尽量使每个人都有一次发言的机会!"如果大家彼此不太了解,事先没有预料到有些人会东西南北说个没完,那么在谈话过程中,一旦发现这种现象,就应该由那些年长者或者级别较高的人主动出来控制局面,并且以礼貌的方式提出建议:"我冒昧地说两句:“今天，在座的朋友们彼此大多不太熟悉，有幸在这里相聚,是一件令人感到高兴的事。为了促进大家相互了解,我建议在这个有限的时间里,争取创造机会让每个人都能发表自己的观点。因此,如果谁觉得有很多心里话需要向大家倾诉,最好是先忍一忍,以后有机会私下再聊。每人发言,最好是长话短说,不要超过五分钟,好不好？”这样说过之后,一般就会产生效果。

如果是两个人对话,其中一个就是“话筒子”,怎么办？当你碰到这种人的时候,为争取发言的机会,你总不至于对他说:“我建议咱们俩长话短说,每个人每次说话时间不要超过三分钟。”如果你这么做,就会使局面变得非常尴尬。两人谈话,毕竟与群体发言不同,决不能生搬硬套。最好的方式,是有意识地在谈话过程中悄悄把对方的谈话往主题上引,尽力使之不要离题太远。因为对方思维非常活跃,很容易忘记谈话的目的,动不动就把话题扯到不相干的事情上去,由于他自己并没有意识到,所以如果没有人在一旁加以纠正,就会浪费大量宝贵的时间。为了使他“迷途知返”,你最好是在听他谈话的时候,不断地向他提问,使他不得不对你的问题做出回答。当然你的问题应该是精心设计的,要与你们谈话的主题相关。不能跟着他的谈话思路走,否则你自己也会被他带到歧路上去。不要生硬地插话,要巧妙地进行,最好不让他感觉出你在故意牵着他的鼻子走。千万不要和他争论，你的任何反对意见都应该以提问的方式表达出来，直接反对,只会使他更加激动,更难控制。

应酬学专家告诉你

有些人并不是因为思维活跃和自制能力差才喋喋不休,而很可能是内心痛苦,需要向别人倾诉。对这类人,应该怀着关心和同情的心情,帮助他减少痛苦,使他得到放松。面对他们,最好是用同情的眼神看着他,听他尽情宣泄,不要打断他的谈话,让他把所有苦楚全都吐出来。

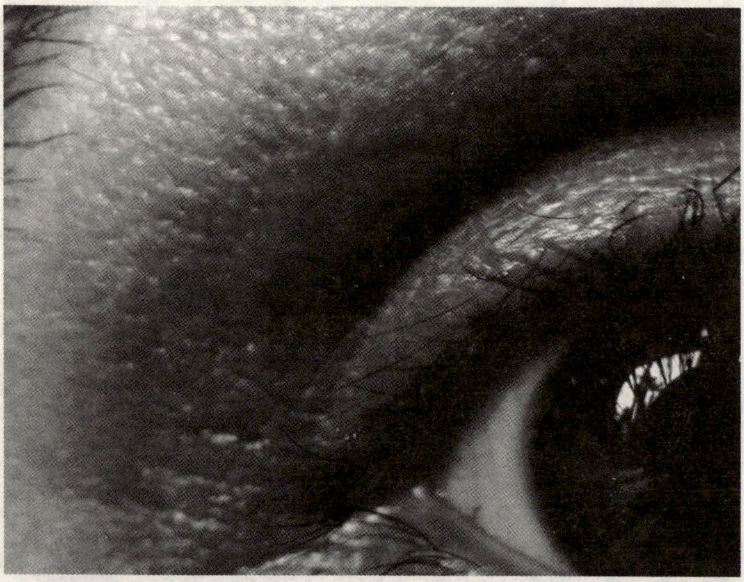

第九章
火眼金睛的洞察之术

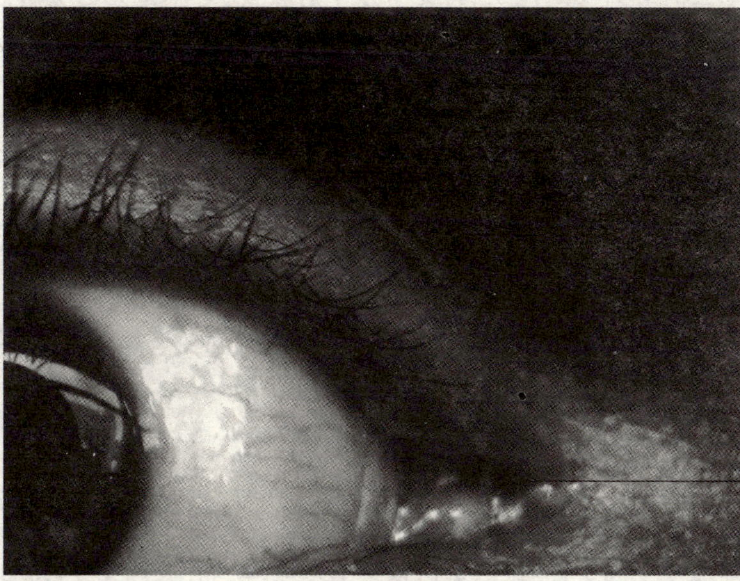

算命先生的诡计

著名评书艺术家连阔如先生曾经著书讲述旧社会老北京天桥一带江湖艺人的生活，其中说到“算命”这一行，有若干诀窍。

比如有个算卦先生往各街巷中敲打竹板兜揽主顾，有一家出来一位五十岁上下的妇女要算卦，那算卦的先生说话之前先要看她穿什么衣服，什么长相，面貌上的喜乐悲欢，不用询问，就会知道对方很多情况。如这妇女描眉打鬓，穿的衣服鲜艳，就可以明白，以她的年纪还这样修饰，一定是“老妇改嫁”。如若是老了，丈夫不在，或是尚在，安分守己过日子，哪能那样打扮！

这算卦先生随着妇女到屋里，得先看屋中的摆设，好知道她的穷富。看她屋内的人共有几位，也能预测出来她的家境。大凡妇人占卦有两样儿，若满屋子是人，将算卦的先生叫进屋来，先生一看就知道是问喜事，比如媳妇有孕，算算生男生女，或是姑娘有婆家，择个日子，绝离不开这几样事。如若妇人心中有了烦恼的事，有了凄凉的事，要想找个算卦的，算算个人的心事，绝不会让她亲族骨肉、院内街坊知道，只会悄悄地叫算卦的进来，好问个人的心事。

算卦的先生遇见这样的事，按照人情中的感慨话语，向她断卦，准能句句说得妇人心中佩服。

有些人有算命的经历，对于算命者的“卜算”能力感到万分惊讶。这些算命者甚至知道一些除了你之外，别人根本不知道的事情。当他说出你的隐私时，你一定以为他具有通天的本事，对其崇拜万分。

通过对占卜术的进一步研究，人们发现这一行业的从业者之所以“神通广大”,是由于他们使用了一种叫做“读心术”的技巧。占卜师即使对坐在自己面前的人素不相识，但借助这一技巧，也能够精确了解他们的想法。这种技巧具有一种让人难以琢磨的魔力,尤其让那些思想单纯且敏感而脆弱的人更加觉得不可思议。实际上,这只不过是一个基于对肢体语言讯号的仔细观察以及对于人类本性和概率统计的了解而开展的一种解读的过程。塔罗牌占卜师、心理学家、占星家以及看手相者都是通过这一技巧来收集“客户”的私人信息。

在交际应酬中，算命先生的这种技巧可以成为一种理顺人际关系的利器。

俗话说:人心隔肚皮。可见能真正认识一个人是很难的,能知道别人的心思更是难上加难。尤其在这个竞争激烈的社会,每个人在不同的场合都有不同的身份,与三教九流的人打交道是常有的事,这时把握好不同的交往方式十分重要。而在把握交往方式时,最重要的是了解对方的性格和洞察对方的心思。如果事先没有经过任何了解就与他人进行交往,很可能会事倍功半,有时甚至无功而返。所以在与他人交往时,先要掌握一定的识人知识和一些快速的识人技巧,懂得如何在极短的时间内认清一个人。

应酬学专家告诉你

一个人要向外界传达完整的信息，单纯的语言成分只占 7%，声调占了 38%,另外 55%的信息都需要由非语言的体态来传达。而且因为肢体语言通常是一个人下意识的举动，所以，它很少具有欺骗性。

如何正确解读肢体语言

初学者经常会犯一个致命的错误，那就是将每个表情或动作分离开来，在忽视其他相联系的表情或动作以及大环境的情况下，孤立、片面地解读他人的肢体语言。譬如说，挠头所表示的含义有很多，比方说尴尬、不确定、去头屑、头痒、健忘或者撒谎，等等。所以，其具体含义应当取决于同时发生的其他表情和动作。因此，只有当你把一个词语放到句子里，配和其他词语一起理解时，你才能彻底弄清楚这个词语的具体含义。所以，如果你想获取准确的信息，就应该连贯地来观察他人的肢体语言。

当我们感到无聊，或是有压力的时候，我们常常会不断地重复做一个或者多个动作。不停地摸头发或玩头发就是这种情况下我们最常见的一种表达方式。可是，假如不考虑其他动作或表情，同样的动作却很有可能表示这个人心中很焦虑，或是不确定。人们之所以会在这样的情况下做出摸头发或抚摸头部的动作，完全是因为当他们还是个小孩的时候，他们的妈妈就是用这样的方式来安抚他们的。

研究表明，通过无声语言传递的信息所产生的影响力是有声话语的五倍，而且当两个不同的人进行面对面交流的时候，尤其当这两个人都是女人的时候，她们几乎会全部依赖于无声的肢体语言进行交流，而无视话语所传递的信息。

如果你是一名演讲者，在某次演讲中，你邀请某位听众上台来发表他对你演说内容的意见，而他回答说，他并不赞同你的观点，那么，他通过肢体语言所传递的信息就应该与他的话语表意相吻合，也就是说，两种语言所表达的意思完全一致。但是，假如他口头上表示赞同你的话，但是，他通过肢体语言所传递的信息却并非如此，那么，他就很可能是在撒谎。

当你看见一位站在台上演讲的政治家一边信心十足地向观众们说，他有多么尊重年轻人的意见，并承诺一定会虚心接受他们的建议，一边却又将自己的双臂环抱于胸前（以示防御），并且下巴微沉（批判、充满敌意的象征），那么，你还会相信他的说辞吗？假如他试图用热情且充满关切之情的口吻来打动你，并且还不时地用手敲打演讲台以吸引你的注意，那么，你是否会真的被他的言行所征服呢？弗洛伊德曾经遇到过一个案例，一位病人告诉他，她的婚姻生活十分幸福。在谈话中，这位病人不断地将她的结婚戒指取下，然后又戴上。弗洛伊德注意到了她的这一无意识的小动作，他很清楚这意味着什么。所以，当有消息传来说她的婚姻出现问题时，弗洛伊德丝毫不感到惊讶，因为一切都在他的意料之中。

对所有动作和表情的理解都应该在其发生的大环境下来完成。例如，在一个寒冷的冬天，你看见某个人坐在一个公交车的终点站里，双臂紧紧环抱于胸前，双腿也紧紧地夹在一起，那么，这个时候，你就应该知道，他之所以摆出这种姿势，很有可能是因为他很冷，而并不是因为他想保护自己。但是，如果是你和某人隔桌而坐，而你又试图向他阐明自己的一些观点，或是向他推销某种产品和服务，面对你的说辞，对方摆出了一个和上面那个人一样的姿势，那么这个时候，你应该明白，对方其实是想借此告诉你，他对你的话持否定的态度，或者说他对你的推销很抗拒。

应酬学专家告诉你

观察肢体语言群组，注意肢体语言与有声话语的一致性就好比两把金钥匙，能够帮助我们打开肢体语言的宝库，从而正确地解读出无声语言背后的真正含义。

别让表情出卖你

风靡全球的剧集《千谎百计》讲述了一个神奇的故事:测谎专家莱特曼是善于辨别谎言的高手——眉间一皱或是嘴唇一撇，在他眼中都是对方内心活动的流露,任何人、任何事在他面前都无法隐瞒……莱特曼的原型保罗·艾克曼在加利福尼亚医学院研究人类的欺骗行为已逾40年,每年都要向数以百计的机场警卫系统、反恐机构、外交官员和来自中央情报局、联邦调查局的人员传授“辨谎”的策略。在现实生活中,艾克曼和他的同事们正穿梭在人群之中,甄别那些真实或虚伪的面孔。

《千谎百计》里面,莱特曼的撒手锏是使用镇静剂,让谎言在测谎仪眼皮底下通过。测谎仪的确越来越被发现是靠不住的。最近,得克萨斯州基督教大学的查尔斯·邦德和加州大学的贝拉·德保罗完成了一项对253个测谎仪案例的元分析，结果这数百个样本的平均准确率仅有53%——和胡乱猜测的概率差不多。

因此,人们将目光投向更为实证的表情分析技术。弗吉尼亚大学的博士生温迪·莫里斯和德保罗博士,对法庭欺骗行为诊断的研究,为我们提供了谎言的蛛丝马迹:当人们说谎时,瞳孔通常放大,预示着紧张和高度集中的注意。此外,说谎者会因为紧张而提高说话的声调,并紧闭双唇。不过出乎大多数人的意料,说谎者不会表现出惴惴不安的样子,也没有眨眼或坐立不安的姿态。只有在巨大赌注的驱动下,他们才会不敢正视他人的注视,以免暴露了自己的内心。

在人际交往过程中,最容易看到的对方心理活动的表象就是表情,而且表情是一目了然的。曾获得诺贝尔奖的法国生理学家科瑞尔在他的

《人，神秘莫测者》一书中论述道："……这些面孔反映出了人们的心理状态，……脸就像一台展示感情、欲望、希望等一切内心活动的显示器。"

心理学家研究发现，很多懂得以面部表情传达意思的人，从来不会特地去了解他们是如何沟通的。例如，每个人都明白"扑克脸"代表什么意思，然而很少有人会去认真地分析它的含义——不带感情、毫无表情、沉得住气或是深藏不露。也就是说人们对表情的解读已经成为下意识的习惯，而不需要特别地控制。

在几乎所有的生物中，人的表情是最丰富，也是最复杂的。每个人都有一副独特而不容混淆的脸相，即使双胞胎也不例外，因此人们相见时，给人印象最深的就是脸。从这张脸上，大致能反映出年龄、性别、种族烙印，而且通过表情也可以流露出其人当时的情绪变化状况。无论任何民族或文化，表情的含义都是类似的。

当人们与他人交往时，无论是否面对面，都会下意识地表达各自的情绪，与此同时也注视着对方做出的各种表情，正是这种过程，使人们的社会交往变得复杂而又细腻深刻。在高明的观察者看来，每个人的脸上都挂着一张反映自己生理和精神状况的"海报"。狄德罗在他的《绘画论》一书中说过："一个人，他心灵的每一个活动都表现在他的脸上，刻画得很清晰，很明显。"

应酬学专家告诉你

人的大脑分为两半球，发自内心的感情通常由右脑控制，并且反映在左脸上；而左脑则专司理智性感情（即经过克制和伪装的情绪），然后反映在右脸上。因此左脸的表情多为真实的，而右脸的表情有可能是虚假的。所以想要知道对方的真实感情，必须学会观察对方的左脸。

手势流露感情

在体态中，手势是很突出的。人们的种种心理都可以通过千姿百态的手势体现出来，而且手势往往比言语更能传达说话者的心意。会画画的人可能都体会到画人最难画的是手。如果不能通过手把它所包含的信息全部表现出来，那么整幅作品就可能全部失败。名作《蒙娜丽莎的微笑》中除了主人公神秘莫测的笑容，最让艺术界称道的就是画家所描绘的一双完美的手。

手势上扬，是一种幅度比较大的手势动作，容易使人产生比较鲜明的视觉形象。手势上扬代表着赞同、满意或鼓舞、号召的意思，有时候也用以打招呼。手势上扬，无形之中还给人一种振奋和向上的力量。说话时手势上扬，最能体现个人风格。这种人大多是性格开朗、豪放、不拘于形式的人。有人描绘法国前总统戴高乐："当他进行公开演讲时，他的习惯动作是两臂向上，其目的只是强调他的讲话……有时他举着双手，把自己直挺挺的上身从桌上伸出俯向听众，好像要把演说者的坚定信念注入听众的心坎上……"

手势下劈的姿态给人一种泰山压顶、不容置疑之感。使用这种手势的人一般都高高在上，高傲自负，喜欢以自我为中心，不会轻易容许人反驳他的观点。伴随着手势下劈动作其要表达的意思是：这事情就这样决定了。领导在讲话时，为了强调自己的观点，通常把手势往下劈，每当这个时候，听者最好不要轻易提出相悖的观点，即使提出来对方一般也是不会轻易采纳的。有人为了证明自己的观点而否定别人的观点，也常用这种手势否定别人的观点，打断别人的话。善于识别这种手势语言，有助于我们为人处世采取适当的姿态。

攥紧拳头是有力量的表示。一般情况下，在庄重、严肃的场合宣誓时，必须要右手握拳，并举至右侧齐眉高度。有时在演讲或说话时，捏紧拳头，则是向听众表示：我是有力量的。如果是在有矛盾的人面前攥紧拳头，则表示：我不会怕你，要不要尝尝我拳头的滋味？通常情况下，攥紧拳头，显示的是一种果断、坚决、自信和力量。平时我们听人演讲、见人讲话时攥紧拳头，证明这个人很自信，很有感召力。但在日常生活中，我们与人发生不愉快时，请把你的拳头藏起来，而不要攥起拳头在对方面前晃动，那样做的结果，势必会引起一场打斗，这是不可取的。

有心理学家断言："判断一个人是否坦率与真诚，最有效、最直观的方法就是观察其手掌姿势是否是双手推开。"人们说心里话或说实话时，总是把手掌张开显示给对方，像大多数体态语言一样，这一举止有时是无意识的，有时是有意识的，它都使人感到或预感到对方将要讲真话。相反，小孩在撒谎或隐瞒实情时总是将其手掌藏在背后；通宵方归的丈夫不愿对妻子说出他的去处时，同样也是常常将手插在衣兜里或两臂相抱将手掌藏起来，而妻子则可以从丈夫隐藏的手掌上感觉到丈夫在隐瞒实情。由此可见，与他人交谈时双手摊开，能够让人感觉诚实可靠。有趣的是，研究发现，摊开手掌时不仅不容易说谎，而且还有助于制止对方说谎并且鼓励对方坦诚相待。当人们愿意表示完全坦率或真诚时，就向人们摊开双手，说："没有什么值得隐瞒的，让我坦率告诉你吧。"

应酬学专家告诉你

和身体的其他部位相同，手也是千形万种，每个人都不相同。同样的人，因职业、季节的变化手也会改变。手掌不同的人身体素质与性情脾气就会有差异。

眼神是心灵的窗户

西汉末年，刚刚调入中央任职的彭宣看到王莽之后，对家人说："王莽神清而朗，气很足，但是眼神中带有邪狭的味道，专权后可能要坏事。我又不肯附庸他，这官不做也罢。"后来王莽果然篡位，还演出了一场"复古"的闹剧。

希腊神话中有一位名叫美杜莎的女神，任何人只要与她对视，就立刻化为石头。由此我们就可以知道眼神的威力了。泰戈尔说得好："任何人一旦学会了眼睛的语言，表情的变化将是无穷无尽的。"

孟子曰："存乎人者，莫良于眸子。"心理学研究告诉我们：一个人的内心活动，经常会反映到他的眼睛里，心之所想，透过眼睛就能看出其中的大概。

眼神清澈的人，通常清纯、澄明、端正、开明、无杂念；眼神浑浊的人，往往昏沉、驳杂、粗鲁、庸俗、鄙陋。一般情况下，人们很难彻底隐瞒心事，即使有人故意装出空洞的眼神，这种刻意的做作也不能维持长久。如果完全不注意别人的眼睛，就无法窥探对方内心世界的微妙变化。

一个人的视线可以通过不同的角度来了解。第一，对方是否在看着自己，这是一个关键。第二，对方的视线如何活动，或者是视线刚接触立刻就挪开，这时他所反映的的心理状态是有所不同的。第三，视线的方向，即对方是正视还是斜视观察自己的。第四，视线的集中程度，即是否是专心致志地看自己。第五，视线的位置，通过对方视线的方位移动，来考察他的内心动向。

如果交谈时，对方的眼神不在你身上，说明对方对你没有好感或兴趣。相反，如果走在路上，发现一个素昧平生的人一直盯着自己时，必定会感到不安。这是因为被不相识的人看久了，会觉得被看穿内心或被侵犯隐私权的缘故，所以陌生人之间视线偶尔相交，便会立刻分开。

如果相识者彼此视线相交，就表示他们有意沟通心灵。如果对方久久凝视你而不移开视线的话，很可能暗示有什么心事要向你诉说。

有意思的是，心理学家的研究结果表明：两性对“凝视”的态度完全不同。心理学家艾克斯莱恩曾做过一个实验，结果表明，男性在谈话时有66.8%的时间在注视对方，女性则有65%。如果要求受测者“故意隐瞒自己”，那么男性注视对方的时间下降到60.8%，而女性反而提高到69%。这似乎说明女性具有更善于说谎的技巧。

眼睛不同的转动方式能够表现出不同的内心动向。研究表明，眼球向左上方运动时，人是在回忆；而眼球向右上方运动时，人是在想象。所以，当妻子询问晚归的丈夫“你去哪里了”的时候，如果丈夫的眼球向左上转，说明他在回忆并准备回答问题，而如果他的眼球开始向右上转，则说明他开始想象，也就是准备编造了。同样，眼球向左下方运动，表示人在自言自语；眼球向右下方运动，表示人在感觉自己的身体情况；眼球左右平视，说明人在设法弄懂所听到语言的意义。

心理学家珍妮·登布列在《推销员如何了解顾客的心理》一书中写道：假如顾客眼睛向下看，而脸转向旁边，表示你被拒绝了；如果他的嘴是放松的，没有机械式的笑容，下颚向前，他可能会考虑你的提议；假如他注视你的眼睛几秒钟，嘴角乃至鼻子的部位带着浅浅的笑意，笑意轻松，而且看起来很热心，这个买卖大概就有戏了。

应酬学专家告诉你

有位作家说：灵魂在眼睛中有一个解释者——时常是无意的，但却是忠实的解释者。只要我们掌握各项观察眼睛的要领，在与人交往中，多加注意对方的视线，就会很清楚地了解到对方的思绪与心境。

未见其人，先闻其声

春秋时期著名的政治家子产在外出巡察时，听到正在祭拜丈夫的妇女的哭声，就命令随从拘捕那名妇女。原来子产听出那妇人的哭声没有哀恸之情，反露恐惧之意。一问之下，那妇女果然是谋害亲夫的罪犯。

在说话过程中，人的内心感受直接影响声音，而另一方面，声音大小、韵律、语速、语气等也是内心活动的一种外在表现。言谈的内容是表现的因素，但言谈的速度、语调等因素也足以影响谈话内容的效果。我们能够通过这些因素来试图了解对方表现出的言外之意。

尤其要注意的是，从与平时相异的言谈方式中了解对方的心理。内心的波动会引起语速的变化。平日能言善辩的人，忽然结结巴巴地说不出话来，而平时木讷讲话不得要领的人，却突然滔滔不绝地高谈阔论起来，遇到这种情况，必定是发生了什么问题。

一般说来，由于不满意对方或心怀敌意时，许多人说话的速度会变得很迟缓，而且稍有木讷的感觉。而如果人的深层心理中怀有爱意、不安或恐怖的情绪时，说话的速度会变快，希望借着快速的话语，掩盖自己内心潜伏的不安或恐怖。

不过，因为没有充裕的时间可以冷静地反省或考虑，所以，谈话的内容会十分空洞，倘若碰到慎重与精明的人，马上就可以看穿他内心的状况。

除了语速，语音的大小和个人的性格也有密切的关系。

声音大的人通常支配欲强，是外向性格，似乎声音小了对方就听不懂他的话。这表示他能够把自己的想法率直地吐露出来，有“希望别人充分理解他”的思想，这也是比任何人都重视人际关系，擅长社交的外向型之人的特性。但是这样的人喜欢以自我为本位，单方面贯彻自己的意志，往往会强迫别人接受他的想法。但是自己还一直认为是在为对方着想。而说话声音小的人，多半性格极为内向，他们往往在说话时压抑自己的感情，一般不会把内心的想法和盘托出。这种人尽管喜好喋喋不休，却多半是徒劳无功，说出来的话没有什么震撼力。

除了声音的大小之外，声音还有一种特性，就是音调。说话声音的音调一般称为“语调”。

音调高的声音，是任性情绪的表现形态，是幼儿心理的附属品。音调高的声音，被认为是心理不成熟的象征。一般而言，随着一个人社会认知结构的逐渐成熟，便具备了抑制任性情绪的能力，所以年龄越高，音调会随之相对地降低，给人一种老成持重的感觉。但是，有些成年人的音调、语调还是相当高。这种人的心理便是倒回幼儿期阶段了，因此，自己无法抑制任性的表现，也绝对无法接受别人的意见。

讲话语调变化快的人在一定程度上反应了思维变化的速度。这种人不仅反应很快，而且善变，是典型的让人捉摸不透的“变色龙”。声音变化大的人还有明显的自卑感和明显的攻击性，只是他们有着较强的忍耐力，而使之表现于不同的场合而已。在日常生活中，我们可能已注意到这一点：说话的速度快、用词也很丰富的人，对人情世故都比较了解。另外，他们知识比较丰富，对世事有着很强的洞察力。因而，这种人有着很强的反应能力，喜欢接受新鲜事物，适应性强。他们总能把新的词语用在自己的言行中。

应酬学专家告诉你

当一个人想反驳对方意见时，最简单的方法就是提高嗓门——提高音调。这样不仅可以借助提高音调来壮大声势，试图压倒对方，还可以释放出明显的心理信号：我很任性，不要试图说服我！

吃相反映性格

交际应酬免不了吃饭，而吃饭的时候就能看出别人的脾气性格。就如同世界上没有两片完全相同的叶子一样，不同的人在吃东西时所表现出来的神情和姿态，在不同的程度上反映了这个人的个性特点和生活条件。这点应该不难理解，外资企业的管理人员与建筑工地的民工的吃相绝不会一样。这里绝没有贬低谁的意思，因为高级白领回到家里也可能边吃饭边吧唧嘴，但是他和客户吃西餐的时候绝对是彬彬有礼的。也就是说，个性能够决定命运，而环境也能够影响习惯。吃东西时优雅的姿态，应该是坐姿端正，不紧不慢，不慌不忙，不大嚼，不露齿，再重要的事情，都要等吃完东西再说。不过因为这样做实在是太拘束了，所以很少有人能够每一餐都如此要求自己。人一旦放松下来，吃相就会千姿百态，性格也就会暴露无遗了。

吃东西经常狼吞虎咽的人做事往往只看重结果。喜欢狼吞虎咽的男人往往是工作狂，只要工作起来常常有着使不完的精力，他们总想在最短的时间内完成自己应该做的事情。这种人明显是心中放不住事的人，只要手里有没干完的事，他们就会心绪不宁，坐立不安，非把事情做完了，他心里才踏实。当然，这种人的手中经常有干不完的事情。因此，这种人往往是只看重结果的人，他们不会把过程当回事。因为很多领导都比较看重结果而不太看重过程，因此领导一般比较喜欢这种很快就可以得出结果的人。另外，这种人不仅办事速度快，而且他们的思维速度也一样快，因此，他们常常给人精明能干的印象。不过这种男人常常是为了自己的事业，而忽略了对家庭的关心，所以他们的家庭比较容易发生婚变。

如果进食不加节制，经常如风卷残云一般一饱口福，这样的人一定性格直爽，能团结别人，喜怒溢于言表，从不掩饰。他们办事讲求实效，对工作往往一气呵成，绝不拖泥带水。

懂得细嚼慢咽的人只重视过程而不重视结果。对这样的人来说，吃东西是次要的，而吃东西的过程才是重要的。他们把这种吃东西的哲学用到了生活中，便使他们的生活变得十分细腻。他们办事周密、严谨，决不打无把握的仗。他们经常会花费很多时间反复思考一个问题，直到认为万无一失，才会做出决定。他们善解人意，总是用他们敏锐的感官去准确地洞察对方的内心世界，因此他们多善于应酬。这种人多适合从事外交、公关等方面的工作。如果她们是家庭主妇，那么烹饪就是她们的拿手好戏。她们也会运用她们的奇思妙想将简简单单的东西变化出无穷的花样来，从而使整个家庭充满温馨和美的气氛。

不仅进食的速度慢，而且食量小，这样的人大多个性保守，行为谨慎，墨守成规，稳重有余而冲劲不足。他们对现状有一定的控制力，但是对创新性工作却常常无所适从。

所以，要了解一个人的个性，不妨请他到小饭馆里吃一顿（不要去大饭店，任何人在那里都会掩饰自己），他的内心世界就会一目了然了。

应酬学专家告诉你

有些人总是一个人吃饭，没有与他人分享的习惯。他们利用进餐时间避开与其他人应酬。这样的人表面上与世无争，给人的印象不是害羞和腼腆，就是孤僻与冷傲。这些人的性格虽然有些冷僻，但实际上他们信奉“宁静以致远”的道理，坚毅沉稳，责任心强，言行一致，信守诺言，一般来说工作成绩均能令人满意。

走路姿态最容易表现真实自我

经过研究，英国心理学家莫里斯发现一个有趣的现象：人体中越远离大脑的部位所做的动作，越可能真实地表达出其内心的感情。例如在脸上的所有器官中，鼻子就要比眼睛更“诚实”。脚离大脑的距离最远，相比之下，人的脚要比其他部位“诚实”得多，因此脚的动作能够透露一个人真实的心理信息。

有的人走路从来都是不慌不忙的，一副慢腾腾的样子，这是典型的现实主义者。这种人凡事讲求稳重，“三思而后行”，绝不好高骛远，工作效率很高，说到做到。他们的世界观是“眼见为实”，因此不会轻易相信别人，但是对于他们相信的事情则是坚信不疑。所以他们特别重信义、守承诺。如果他们发现一个人喜欢撒谎的话，会一辈子不与之来往。

有一类人走路时总是急急忙忙，两脚掌翻得特别快，这是典型的行动主义者。这种人的优点是精力充沛，精明能干，敢于面对挑战，敢于承担责任，适应能力很强，凡事效率优先。如果让这种人去完成某项工作，他一定费时最少而效果最令人满意。但是切记不要带有威胁性的语气，因为这种人“吃软不吃硬”，对于指令性、强迫性的任务常常会置之不理。虽然他们从来不会陪伴别人去散步，但是仍旧可以作为值得托付的朋友。

有的人走路总是习惯上体前倾，而不是昂头挺胸，大多数步伐非常平稳，有时把头低着，双手紧紧地背在背后，有时脚步很慢，不时还会停下来踢一下石头，或者捡起什么东西来看一下，然后又丢下。这类人的性格大多较为温柔和内向，见到异性常会脸红。他们为人谦虚，一般都有良好的修养，很注意严格要求自己，不事张扬。这种人不懂得花言巧语，从来不苟言笑，但是重情守义，一旦成为知交则至死不渝，总是抱着“宁天下人负我，我绝不负天下人”的观念。在现实生活中，他们总是受委屈最多的人，常常对生活感到厌倦，又不愿向人倾诉，只是一个人生闷气。

走路时抬头挺胸，大踏步前进，有气魄、有力量的人，既给人一种雄赳赳的感觉，同时也给人一种高傲感。其实这种人常常以自我为中心，淡于人际交往，不轻易求助于别人。他们思维敏捷，条理性强，考虑问题全面，即使不是很复杂的一件事情，他们也时常为自己拟定一份计划。他们也注重礼仪，随时使自己保持完美形象。这类人的最大弱点是羞怯和缺乏坚强的毅力，经常看到他们有很多宏伟的计划，却很难发现他们有成功的事业。虽然他们极富组织力和判断力，可惜他们时常说得多做得少。“说话的巨人，行动的矮子”是这种人真实的写照。

踱着方步的人是非常稳重的，他们喜欢保持冷静。他们认为面对任何困难事情时，最重要的是保持清醒的头脑，不希望被任何带有感情色彩的东西左右了自己的判断力和分析力。多数成功的推销员都知道：要让踱步的顾客单独思考是否购买自己所推销的商品，不要去打扰他，这点很重要。这种人涉世极深，了解人情冷暖。在人际交往方面，他们始终坚持点到为止，避免自己陷入太深的境地而不能自拔。

虽然走路这种动作看似平常，但却最能反映出一个人的性格特征以及气质和修养。每个人都有自己独特的走路姿态。只要我们留心，一眼就能分辨出来。因此说，通过走路的习惯和步态姿势，就可以在一定程度上了解人的性格。

应酬学专家告诉你

行为心理学家明确指出：在一般情况下，要判断对方的思想性格，只要让他在路上走走，就可以基本了解了。一个人的情绪不同，走路的姿势也就不同；每个人的秉性各异，走起路来也有不同的风采。按照俗语所讲，就是“是骡子是马拉出来遛遛”。

字如其人看笔迹

俗话说“字如其人”，是说笔迹是大脑中潜意识的自然流露，所以可以作为心理信息的一种载体。在所有无需被分析者介入的心理分析方法中，笔迹分析可能是发展最快、科学性最突出的一种。

1970年以后，笔迹分析技术就在西方发达国家广泛地应用于各个领域。在日本，一些公司在进行人才招聘时，都要将候选人亲手所写的笔迹送到心理学家那里，写出鉴定意见后，才能决定是否录用。无论是行政管理人员还是普通工人，应聘时都要经过笔迹分析这一关。

正如掌纹可以反映出人体生命的信息一样，笔迹也是人们传达思想感情，进行思维沟通的一种手段。宏观上讲，作为社会化的高级动物，人在认识、改造世界的过程中，不但能感知事物，而且能把感知的事物记下来，经过大脑复杂的思维活动，进入潜意识，并且在一定的条件下，通过一定的形式表现出来。文字就是其表现形式的一种。

经过科学研究发现，笔迹不仅有遗传性，还与人的生活经历、生活背景、所受教育的程度、与人交往的密切程度、所从事的社会活动等有密切的关系。一个从小就拥有充裕生活条件的人的字迹，与从小在艰苦环境下长大的人的字迹，在字体、字态、字势、风格等很多方面存在着差异。

性格的功能优势理论，是由英国著名心理学家培因提出的。根据智力、情感、意志三种心理机能在性格结构中所占优势的情况，将人的性格分为理智型、情绪型和意志型。

理智型的人，智力优于情绪型和意志型的人。他们常常具有良好的思考能力和分析判断能力，通常以理性衡量一切，他们思想务实，行动注重现实，不以个人的情感为转移，无时无刻不以理智支配自己的行动。理智型的人考虑问题较全面，有很强的条理性和准确性，工作缜密。但是由于过于注重客观事物和结果，有时被认为不能够很好地理解他人。典型的理智型的人的字，书写规范，结构严谨，字体工整方正，笔画齐全，线条硬直果断不柔和，字势沉稳，笔力适中，字体略向左倾。

情绪型的人情感丰富而细腻，情绪外露而体验深刻，想象力丰富，善于逻辑思考，同时也习惯于符合逻辑的推理和分析，有创新思想，不循规蹈矩。这种类型的人情绪特点多于智力和意志。为人处世或判断事物常常从个人的好恶出发，容易感情用事，敏感多疑，易冲动而且情绪不稳。他们的言行举止易受外界影响，遇到高兴事时兴高采烈，兴奋之情溢于言表，伤心或遇到挫折时，则是丧气、怒气和怨气一齐涌上心头。情绪型的人的字体不太工整，多连笔，多曲线，笔画的伸展、开阖幅度比较大，结构松散，字形不规范，非常随意，笔力轻，速度快，字体方向不一致。

意志型的人意志力非常强，行动目标明确，积极主动，行为果断，胆识过人。这种类型的人不仅理智克制，而且意志坚定。他们最大的优点是具有良好的心理素质，坚韧不拔，处变不惊，百折不挠，不论经历什么样的艰苦磨难，他们都会勇往直前，不论遇到什么挫折，都有一种"硬骨头"的精神。意志型的人的字迹，笔力重，线条坚定有力、果断，字体多竖长，字体的重心向下，连笔多，笔画转折处多尖角，收笔带钩。

应酬学专家告诉你

人的笔迹会经常变化，不同时期的字，特征不一样。虽然在长时期内，字体的主要特征，如运笔方式、习惯动作、字体开阖是不变的。但是不同心境下写的字，笔迹也不一致，能反映出人的思想感情、情绪变化及心理特点等。

如何看穿谎言

美国前总统比尔·克林顿在任时遇到过一个大麻烦，就是与白宫女实习生莫妮卡·莱温斯基的性丑闻事件。为此，克林顿必须在美国国会召开的听证会上为自己辩护。这个事件不仅吸引了法学家们，也让心理学家很感兴趣。

美国的心理学家阿兰·赫希和查尔斯·沃尔夫深入研究了克林顿作证时的录像，他们发现克林顿说真话时很少触摸自己的鼻子。但是，只要克林顿一撒谎，他的眉头就会在谎言出口之前不经意地微微一皱，而且每四分钟触摸一次鼻子，其在陈述证词期间触摸鼻子的总数达到26次之多。两位科学家分析道，与频繁触摸鼻子的情况相反，只要克林顿诚实地回答提问，他就完全不会触摸自己的鼻子。

心理学家研究发现，在10分钟的日常交谈中，人们平均最多会说3个谎言。如果不能有效地识别这些谎言，你无疑将被别人要得团团转。这时你一定会想，如果人们能像童话人物“皮诺曹”那样，一说谎鼻子就会变长，那该多好。其实在现实生活中，说谎者的鼻子虽然不会变长，但是他们的肢体语言仍使谎言变得有迹可循。像克林顿摸鼻子就是典型的例子。

当人们撒谎时，一种名为儿茶酚胺的化学物质就会被释放出来，从而引起鼻腔内部的细胞肿胀。科学家们还揭示出血压也会因撒谎而上升。血压上升导致鼻子膨胀，从而引发鼻腔的神经末梢传送出刺痒的感觉，于是人们只能频繁地用手摩擦鼻子以舒缓发痒的症状。科学家们将这种现象形象地命名为“皮诺曹效应”。

下意识地用手遮住嘴巴，表示撒谎者试图抑制自己说出那些谎话。有时候人们是用几个手指或紧握的拳头遮着嘴，但意思都一样。有的人会假装咳嗽来掩饰自己遮住嘴巴的手势。

另一个重要的位置是眼睛，当一个小孩不想看见某样东西时，他会用手遮住自己的眼睛。大脑通过摩擦眼睛的手势企图阻止眼睛目睹欺骗、怀疑和令人不愉快的事情，或是避免面对那个正在遭受欺骗的人。电影演员们常用摩擦眼睛的手势表现人物的伪善。男人在试图掩盖一个弥天大谎时，往往会使劲揉搓眼睛。相比而言，女人更少做出摩擦眼睛的手势，她们一般只是在眼睛下方温柔地轻轻一碰。这一方面是因为淑女风范限制她们做出粗鲁的手势，另一方面也是为了避免弄坏妆容。不过，和男人一样，女人们撒谎时也会把脸转向一边，以躲开听话人注视的目光。

撒谎会使敏感的面部与颈部神经组织产生刺痒的感觉，于是人们不得不通过摩擦或者抓挠的动作消除这种不适。这种现象不仅能解释为什么人们在疑惑的时候会抓挠脖子，它还能解释为什么撒谎者在担心谎言被识破时，就会频频拉拽衣领。这是因为撒谎者一旦感觉到听话人的怀疑，上升的血压就会使脖子不断冒汗。当一个人感到愤怒或者遭遇挫败的时候，也会用力将衣领拽离自己的脖子，好让凉爽的空气传进衣服里，冷却心头的火气。当你看到有人做这个动作时，你不妨对他说："麻烦你再说一遍，好吗？"或者"请你有话就直说吧，行吗？"这样的话会让这个企图撒谎的人露出他的马脚。

应酬学专家告诉你

触摸鼻子的手势需要结合其他的肢体语言来进行解读，有时候人们做出这个动作只是因为花粉过敏或感冒，但单纯的鼻子发痒往往只会引发人们反复摩擦鼻子这个单一的手势，而和人们整个对话的内容、频率和节奏没有任何联系。

疾风知劲草

小杨参加了一场特殊的面试。

“觉得自己人际交往如何？”面试官面带笑意地问小杨。

“挺好的。”小杨自信地回答。

“好的，那限你30分钟内叫你的20位朋友到达我们面试的现场。”面试官一脸正色，向小杨提出要求。

这时，小杨不假思索地从口袋中掏出手机，准备呼叫朋友。“不必了。”面试官面带笑意地摁住小杨的手机说，“可以了，不必了。”

“认为自己是个自私的人吗？”面试官接着劈头问小杨，“你为了自己面试，不惜让你的那么多朋友放下手头的事情为你奔波，不觉得你很自私吗？”

多次参加面试的小杨清楚地知道，这是企业在对他进行“压力面试”，他要面对的是突如其来的难题，甚至是连番的刁难。简略思考后，他从容地面对面试官，自信而微笑地回答：“所谓朋友，那就是在对方需要的时候相互帮助扶持，朋友间的事情有轻重缓急，比如今天我来贵公司谋职，对我来说是人生中的大事，我为了这份工作请求朋友帮助，相信他们会答应。而当他们有类似重要的事情需要我的时候，我也会义无反顾。”

小杨入情入理地回答听得面试官连连点头。这场“压力面试”在紧张中顺利结束了。

俗话说“疾风知劲草”，一个人在从容不迫的时候会比较容易掩饰自己的情绪，但是在外界压力下，他的本性就很容易流露出来。心理学家根据这一原理，研究出“压力面试”的方法。

压力面试，是指有意制造紧张，以了解求职者将如何面对工作压力。面试人通过提出生硬的、不礼貌的问题故意使候选人感到不舒服，针对某一事项或问题做一连串的发问，打破沙锅问到底，直至无法回答。其目的是确定求职者对压力的承受能力、在压力前的应变能力和人际关系能力。

压力面试通常用在对压力承受能力要求较高的岗位的面试中。测试时，面试官可能会突然问一些不礼貌、冒犯的问题，让被面试人员感到很突然，同时承受较大的心理压力。在这种情况下，心理承受能力较弱的求职者的反应可能会较异常，甚至不能承受。而心理承受能力强的人员则表现较正常，能较好地应对。这样就可以判别出求职者的心理承受能力。

另外，该方法也可以用来证实对一些信息的怀疑。因为，人在一些突发问题上的反应更真实、更客观。而在准备个人求职资料时会不自觉地、不同程度地美化自己，甚至造假。

就压力面试而言，一方面，它是界定高度敏感和可能对温和的批评做出过度反应（喜怒和辱骂）的求职者的良好办法；另一方面，使用压力面试的面试官应当确信厚脸皮和应付压力的能力是工作之需要。面试官还需具备控制面试（如求职者歇斯底里）的技能。因此，单位在使用压力面试之前一定要慎重，一方面确信压力是候选人将来必然要面对的；另一方面要保证面试官有控制压力的能力。值得注意的是，压力面试在于考察求职者的应变能力、人际交往能力，需要求职者具有敏捷的思维、稳定的情绪和良好的控制力。

应酬学专家告诉你

有些人力资源专业人士认为，压力面试不仅不替别人着想，而且作用不大。这种观点的支持者觉得，在压力环境下所获信息经常被扭曲，被误解，这些批评者坚持认为这种面试获得的资料不应作为选择决策的依据。但这种面试方式特别适用于对高级管理人员的测试。

浅薄的人容易被人看透

东周时,郑国有一个善于相面的巫师季咸,根据人的长相能预测人的生死存亡。列子听说后,觉得季咸是个了不起的人,很是羡慕,便对老师壶子说:"我以前以为您的理论和学问是世上最深的,现在我才知道,天外有天,还有比您更高明的人在呢。"

壶子说:"我只给你讲了道的外表,还没有讲到实质,你怎么就妄下结论呢?如果只有雌鸟而没有雄鸟,怎么能生出卵来呢?只有浅薄的人才容易被别人把心思看透。你明天把季咸叫来,让我见识一下。"

季咸被请来了,他刚走进屋,看到壶子的面色,便大叫一声,转身就跑,列子追赶不上。回来后壶子对他说:"刚才我让他看的是我的根本大道,但还没完全展示出来,他就跑了。我只是想逗逗他而已,让他无法猜测,就像草遇风披靡,水随波逐流。所以,他刚看我一眼就被吓跑了。"

听了老师的话,列子才明白自己没有学到什么,心中十分惭愧。

浅薄的人容易被看透,只有像壶子那样达到身体自由与心灵自由的胜境时,面色就不再是喜怒的屏幕,旁人也就不能依凭表面的感觉,进而探知他的内心。

浅薄,指的是轻浮、做作、卖弄、阿谀奉承、不懂自尊,等等。浅薄的人,一般是没有多大能耐、没有多大出息的人,他人看不起,有时自己也会非常苦恼为什么自己会变成这等模样。

有这样一种人,能力并不强,自己工作的成效也不高,然而思想却挺"活跃","反应"还很快,"察言观色"的本领也很强,心术不很正,"往上发展的欲望"还很强烈。于是,一个劲儿地在领导面前说领导想听的话、爱听的话、希望听到的话，于是，明明是黑的，因为是领导喜欢的，他就说成是白的；明明群众对这位领导的意见很大，他却在他的面前将他说成是一个多么受群众爱戴的人，说得这位领导心花怒放，自然，这种人就成为领导的“座上客”、“意中人”。这类人“得意”的“拍马术”是什么？就是属于“小人”的浅薄。

有的人能力倒还有一点，也挺聪明，甚至还可以说有一点才气，然而就是不扎实，缺乏深厚的功底，然而却喜欢卖弄自己所谓的才华，卖弄自己基本上属于一孔之见的所谓“见多识广”，不懂装懂，装出一副很博学的样子来。这些人的“自我显示欲”特别强烈，因而喜欢将“马路边”听来的一点点“小道消息”吹成一件“轰动全球”的大事，哗众取宠得过分。为什么要这样做?就是想以这种方式来吸引他人的注意，增加一点自己在他人心目中的分量。这类人的表现属于什么？也是一种浅薄。

有一种人，整天只想着自己的利益，一点小亏都吃不得，嘴皮子却忙个不停，东家长西家短的，经常夸大其词，还有一点拨弄事非的毛病，唯恐天下不乱，真有点不将他人关系弄糟就誓不罢休的劲儿。这些人有时也的确想做一点好事，然而出了一点力就觉得了不起，生怕他人不知道似的，让人觉得即使“受惠”于他，需要一辈子报答他才行，也一肚子的不舒服。这类人也属浅薄之列。

可以说，正是由于浅薄之人不知收敛，过于自我暴露，才容易被别人看穿。

应酬学专家告诉你

一个人有了自爱意识、自尊意识、自立意识和自强意识，并不断付之于行动，持之以恒，增加个人的修养，肯定就不会浅薄了。

怎样做到喜怒不形于色

淝水之战结束时，东晋的宰相谢安正和客人下围棋。谢安接过捷报看完后，随手丢在桌旁，脸上居然毫无一点喜色，仍旧照常下棋。客人问战事到底怎样了，他只淡淡答道：小孩子们已经破贼了。一场挽救了东晋的战役胜利了，身为统帅的谢安真的如此无动于衷吗？当然不是。客人走后，他再也没法掩饰心中的狂喜，手舞足蹈跑进内室，在过门坎时竟将所穿的履齿都碰断了。

谢安能在客人面前掩饰自己的情绪，做到喜怒不形于色，正是他能坐到宰相高位的原因之一。

人都有七情六欲，不可能毫无表情，可一个喜怒都表现在脸上的人无疑时刻暴露了你内心的想法，哪怕这些想法是暂时的也会被高手识破，所以做人要谨慎。

不管你心里有多大波涛在起伏，你都不要表现出来，都要藏在心里。这样做的原因有二：其一是你心里的事是你自己的，让别人来一同承受是不公平的。其二，你都表现出来人家会觉得你这个人太浅薄，没有“心机”，什么事都沉不住气。

在生活中，喜怒不形于色的人是能够成大事的。此种人并非是卑躬屈膝，装出笑脸，更不是为了奉承上司，强露笑齿，而始终保持自然的神态，喜怒不形于色。没有一定的知识和阅历的人，尤其是刚工作不久的人，是很难做到的。但只要你想做，并不是不可能做到。你每天起床后，或睡觉之前，对自己说一声：“我绝不表现出不耐烦的神色。”以此警惕自己。或者是在日记上，仔细写出来，要每天持续不断地做。

自古以来，凡是成功者很少有因外界的事物而亦喜亦忧的。当然，人有时会高兴，有时候不免忧愁，但千万不要被情绪所左右。有高兴的事，表现在脸上无妨，但悲哀的事就尽量不要表现出来。因为将一切都表现在表面上，更会促使情绪强烈化，而不能忍受悲哀。如把愤恨表现在脸上，恨也会加倍。因此，成功立业之人，对这方面都尽量不形于色。

有的人在与人合作中听不得半点"逆耳之言"，只要别人的言辞稍有不恭，不是大发雷霆就是极力辩解，其实这样做是不明智的。这不仅不能赢得他人的尊重，反而会让人觉得你不易相处。采取虚心、随和的态度将使你与他人的合作更加愉快。

美国总统罗斯福年轻时体力比不上别人。有一次，他与人去伐树，到晚上休息时，他们的领队询问白天各人伐树的成绩，同伴中有人答道："塔尔砍倒 53 棵，我砍倒 49 棵，罗斯福使劲咬断了 17 棵。"这话对罗斯福来说可不怎么顺耳，但他想到自己砍树时，确实和老鼠营巢时咬断树基一样，不禁自己也好笑起来。

凡是允许其情绪控制其行动的人，都是弱者，真正的强者会迫使他的行动控制其情绪。一个人受了嘲笑或轻蔑，不应该窘态毕露，无地自容。如果对方的嘲笑中确有其事，就应该勇敢地承认，这样对你不仅没有损害，反而大有裨益；如果对方只是横加侮辱，盛气凌人，且毫无事实根据，那么这些对你也是毫无损失的，你尽可置之不理，这样会益发显现出你的人格。

应酬学专家告诉你

与人交往的关键在于控制自己的情绪，保持头脑冷静，做到喜怒不形于色，这样人们就无法从我们的言语、行为，甚至脸部表情窥测我们内心的真实想法。掩饰与伪装不同，伪装本质上是错误的，与犯罪无异。掩饰则只是隐藏我们自己的底牌。